2015 年度国家社会科学基金教育学一般课题
“以培养自律为宗旨的中小学生管理体系建构研究”
（BEA150068）

成果

# 教育性
# 学生管理研究

刘长海／著

華中科技大學出版社
http://www.hustp.com
中国·武汉

图书在版编目 (CIP) 数据

教育性学生管理研究 / 刘长海著 .—武汉：华中科技大学出版社，2022.4
ISBN 978-7-5680-8026-2

Ⅰ . ①教… Ⅱ . ①刘… Ⅲ . ①中小学 – 学生 – 学校管理 Ⅳ . ① G635.5

中国版本图书馆 CIP 数据核字 (2022) 第 027308 号

教育性学生管理研究　　刘长海　著
Jiaoyu xing Xuesheng Guanli Yanjiu

策划编辑：饶　静
责任编辑：章　红
封面设计：琥珀视觉
责任校对：李　弋
责任监印：朱　玢
出版发行：华中科技大学出版社（中国·武汉）　电话：(027)81321913
武汉市东湖新技术开发区华工科技园　邮编：430223
录　　排：华中科技大学惠友文印中心
印　　刷：湖北新华印务有限公司
开　　本：710mm × 1000mm　1/16
印　　张：13
字　　数：180 千字
版　　次：2022 年 4 月第 1 版第 1 次印刷
定　　价：49.00 元

華中出版

本书若有印装质量问题，请向出版社营销中心调换
全国免费服务热线：400-6679-118　竭诚为您服务

目录
CONTENTS

# 绪　论

学生管理头绪众多，是学校教育的重要领域，遗憾的是，对于这个领域的研究至今没有得到足够的重视。

提到学生管理，人们会想到认真听讲、按时完成作业，文明礼貌、不欺负同学，讲究卫生、不乱丢果皮纸屑，不穿奇装异服、不留长发，异性同学交往，手机使用，以及不私自下河游泳等。不仅如此，学生管理还是一个容易“出事”的领域，一旦发生学生打架、跳楼、烧书等事件，学校就必须迅速回应，尤其是在移动互联时代，这些事件很容易成为网民关注的舆情热点。在全国各地，校长和教师每天都要面对五花八门、形形色色的学生管理问题，很多人还会因为这些问题而焦头烂额，心力交瘁。

关于这个领域的研究却非常单薄。思想家康德将学生管理意义理解为“纯然是对野性的驯服”“从人身上去除野性”“防止错误”，让学生“感受到”并“服从于法则的强制”从而“能够习惯于静静地坐着，严格遵守事先给他们规定的东西”。科学教育学的奠基人赫尔巴特提出了影响深远的教育性教学思想，却将学生管理的功能仅仅定位于“维持秩序”，教育者对学生的管理甚至具有一种“发泄一点专横”的意味。由于受到语言限制，本人无法查证两位思想家在德文原著中的具体表述是怎样的，但他们的这些说法却揭示出普通人鄙视、反感粗暴的学生管理，甚至将粗暴、专横看作学生管理的本质属性的普遍想法。也许正是因为这个理由，在学校教育转型发展的时代，我国提出了众多教育概念，确立了尊重学生主体性、发展学生个性等理念，涌现了不胜枚举的教育教学新模式，可是，这些研究对学生管理却很少用力，围绕学生管理展开专门论述的文章很少出现在国内知名的教育理论刊物中。

留心观察，我们不难发现，当代很多教育工作者对学生管理持有根深蒂固的偏见。有些人认为，学生管理的功能就是为教学保驾护航，维护教育教学秩序；学生管理的目标就是要把学生管住，让学生听话；学生管理的方式就是奖励、惩罚或者感化。这样的理解方式决定了学生管理是一个与个性发展、人文关怀等新时代话语无关的领域，必然导致学生管理研究的边缘化。面对社会转型期日益增多的学生管理问题，校长和教师们不得不在缺少理论支持的条件下摸索前行，大量学校的学生管理在强调规训、服从的道路上越走越远，左支右绌，漏洞百出，网络媒体对此不断做出“侵害学生权益”“阻碍个性发展”等非议，使学生管理更像是一团乱麻，剪不断理还乱，既不宜固守又难以创新，处于进退维谷的尴尬境地。

近年来，随着教育民主化的推进，建设现代学校制度、优化教育治理成为全社会关注的热门话题，学生欺凌、教育惩戒等典型的学生管理问题引发了理论研究的热潮，学生欺凌的发生机理、教育惩戒的合法性依据等问题不断得到剖析和解答。我们相信这些研究将有力提升我国学生管理研究，但又期望更多的研究者在开展学生管理细节问题探讨之前能够首先进行一个更加宏观的学生管理问题的追问，以明确新时代学生管理的总体趋势，避免“只见树木不见森林”的错误。

“以培养自律为宗旨的中小学生管理体系建构研究”项目组近几年来一直将学生管理作为研究的中心，试图为“新时代我们需要怎样的学生管理”寻找到一个比较可信、具体、有操作性的答案。最后，我们模仿赫尔巴特理论体系中的教育性教学概念，将我们心目中理想的学生管理命名为教育性学生管理。本书所呈现的，就是我们对这一新型学生管理理念进行持续探索的一些成果。

第一章

# 教育性学生管理的理论构建

党的十九大报告指出:“经过长期努力,中国特色社会主义进入了新时代,这是我国发展新的历史方位。”新时代为我们铺开了一幅壮阔美好的新画卷,我国社会转型将继续深化,社会主义市场经济、民主政治、思想文化将得到完善,国家富强、民族振兴、人民幸福、社会和谐将一步步由梦想变为现实。新时代为学生管理研究提供了全新的历史背景,既给学生管理提出了新的历史任务,又为学生管理提供了完成这一历史任务所需的条件。要回答“新时代,我们需要怎样的学生管理”这一问题,我们必须将学生管理研究放到新时代的宏大背景之中,思考学生管理应该以怎样的方式参与新时代。

# 第一节　培养自律：新时代的德育使命

“人的现代化是国家现代化必不可少的因素”[1]，人的思想、心理和行为的现代化是现代化国家的重要支撑。立德树人是学校教育的根本任务，提高人民思想觉悟、道德水准、文明素养是新时代学校教育的重大使命。社会稳定和发展要求社会成员认同并遵守特定的道德规范，德育的任务就是促使个体生成与一定社会或阶级的道德规范相一致的思想品德，当代中国学校德育的任务就是促使个体生成以社会主义核心价值观为指引的新时代公民道德，在实践中坚定地践行爱国、敬业、诚信、友善等美德。相比将道德看作外在要求、需要他人监督才能遵行规则的道德他律，个体“意识到道德规则的真正意义，并有义务去执行规则”[2]的道德自律更加值得追求，这被伦理学、教育学研究普遍看作个体品德生成的标志，众多学校也将培养自主、自觉、自律作为德育目标反复宣讲。然而，对于“何为自律”“何种道德体系能够实现道德自律”“如何实现道德自律”等问题，目前还缺少系统探讨，这种状况为不同言说者之间的对话制造了障碍。笔者拟追溯康德、皮亚杰的经典自律理论，系统阐述我们对于自律的理解，据此探讨新时代中国学校德育问题。

## 一、经典自律理论阐析

1. 康德自律论阐析

在伦理学领域，康德是世界公认的自律论奠基者。康德探求合乎“纯粹原则”[3]的、不受物质利益和社会条件所束缚的美德，最终将德性归

[1]　［美］英格尔斯．人的现代化 [M]. 殷陆君，译．成都：四川人民出版社，1985：3.
[2]　檀传宝．德育美学观 [M]. 太原：山西教育出版社，1996：125.
[3]　［德］康德．道德形而上学原理 [M]. 苗力田，译．上海：上海人民出版社，2005：16(代序).

于自律，即人依据自己的善良意志为自己颁布的道德规律行事。

道德规律即人的行为所必须遵守的规律，是不受任何条件制约的绝对律令，其内涵可以从三个方面来理解：一是普遍适用，“在同一意愿中，除非所选择的准则同时也被理解为普遍规律，就不要做出选择”[1]；二是“人是目的”，这种绝对律令意味着把人当作目的，把每个人看作平等的，即“每个有理性的东西都须服从这样一条规律：不论是谁在任何时候都不应把自己和他人仅仅当作工具，而应该永远看作自身就是目的”[2]；三是意志自律，即绝对律令是从人的善良意志抽象出来的行动准则，不受任何经验制约。康德将这种道德体系最终落实于“责任”，认为责任概念“是善良意志概念的体现”[3]，“责任就是由于尊重规律而产生的行为必要性”[4]，继而依据普遍适用原则，从人对自己、人对他人两方面分析了完全责任与不完全责任，如每个人对自己的生命所担负的责任是对自己的完全责任，发展个人的才能是对自己的不完全责任；信守诺言是对他人的完全责任，济困扶危是对他人的不完全责任。

“人依据自己的善良意志为自己颁布的道德规律行事”，则是从个体行为动机的角度确立的纯粹德性标准，即个体对绝对律令的选择和坚持仅受善良意志的支配而“不以任何动机和爱好为基础”[5]。从责任担当的角度来看，那些与责任相悖离的行为固然不具有道德意义；如果个体行为虽然合乎责任但却是在某些利己意图驱使下才发生，也算不上道德行为；唯有合乎责任且出于责任的行为才具有道德价值，才被看作道德行为。

基于以上分析可知，康德提出的纯粹的自律标准事实上涉及自律道德类型和个体道德自律状态两个方面。就道德类型来说，康德所认可的道德是普遍适用于所有人的绝对律令，这种道德体系将所有人看作平等

[1] ［德］康德．道德形而上学原理 [M]. 苗力田，译．上海：上海人民出版社，2005.：61.
[2] ［德］康德．道德形而上学原理 [M]. 苗力田，译．上海：上海人民出版社，2005：30(代序).
[3] ［德］康德．道德形而上学原理 [M]. 苗力田，译．上海：上海人民出版社，2005：12.
[4] ［德］康德．道德形而上学原理 [M]. 苗力田，译．上海：上海人民出版社，2005：16.
[5] ［德］康德．道德形而上学原理 [M]. 苗力田，译．上海：上海人民出版社，2005：36(代序).

的人，它所规定的以责任担当为表现形式的行动准则可以普遍适用于一切人，完全摆脱了具体人或环境的束缚，因而才可能被看作纯粹善良意志的要求。就行动者的个体状态来说，康德所认可的自律是意志的自律，个体合乎绝对律令的行为仅受纯粹善良意志的支配，不受制于具体环境条件也不夹杂功利欲望，此时，人的理性才是自由的。康德式自律的两个方面是紧密相连的，作为绝对律令的道德体系是达至个体自律的前提，因为唯有把每个人看作目的的、普遍适用于所有人的道德标准才能经受理性的反复拷问，才是一个具有发达理性的人仅仅出于对道德真理的尊重而愿意选择的道德标准[1]。

2. 皮亚杰自律论阐析

皮亚杰从道德发展心理学角度阐述了他的自律理论。在研究不同年龄阶段儿童的弹球游戏时，皮亚杰指出，在第一个阶段，规则对儿童而言还不是强制性的；在第二个阶段，规则被认为是神圣而不可触犯的，是从成人产生的、永久存在的；在第三个阶段，规则就被视为由于互相同意而制定的法律，“如果你能使共同舆论都赞同你的意见，你也可以改变这些规则”[2]。从他律走向自律，儿童所遵守的规则本身在发生变化，即在自律阶段，儿童可以基于自主意愿、同伴协商改变前人确定的规则；儿童与规则的关系也在发生变化，“集体的规则首先是在个人以外的东西，后来又成为神圣的了。然后当他逐渐把规则变成了他自己的创造时，于是他就感到规则乃是互相同意和自我良知的自由产物”[3]。

在揭示儿童与规则关系的变化之后，皮亚杰致力于揭示变化背后的机理：一方面是源于儿童的认知发展，另一方面是由于在弹球游戏中，十一岁到十三岁的儿童是年龄最大的玩家，他们已不再接受更年长玩伴的压力（在过去，年长玩伴是借助于他们的特权而把他们的观点强加于

[1] ［德］康德．道德形而上学原理 [M]. 苗力田，译．上海：上海人民出版社，2005：39.
[2] ［瑞士］皮亚杰．儿童的道德判断 [M]. 傅统先，陆有铨，译．济南：山东教育出版社，1984：20.
[3] ［瑞士］皮亚杰．儿童的道德判断 [M]. 傅统先，陆有铨，译．济南：山东教育出版社，1984：20.

年龄较小的儿童身上的）[1]。皮亚杰假设，假如年长的儿童到了十八岁还玩弹球，“我们所研究的这些儿童的反应”就很难显示当前所看到的自主性。他进而提出一个“比较根本的问题”：民主的实践怎么会在十一岁到十三岁儿童的弹球游戏中发展到如此地步，而成人在许多生活领域中对于这种现象还如此陌生呢？[2] 这个问题在皮亚杰自律论中处于承上启下的关键点，自此之后，皮亚杰不再集中讨论个体认知发展的微观现象，而是聚焦于不同社会中的人际关系类型，探讨行为自律的现实可能性，指出约束关系导向他律道德，协作关系导向自律道德，而“权威和单方面的尊重而造成的约束关系就标志大多数现存的社会特点，特别是儿童对其周围成人的关系”[3]。

综观《儿童的道德判断》一书，我们可以窥见皮亚杰自律论的全貌：①在弹球游戏的个案层面，皮亚杰提出了无律、他律、自律等概念，指出儿童的规则意识存在从他律走向自律的规律；在自律阶段，儿童可能基于自己所持的价值标准继续沿用过去的规则，也可能在同伴协商基础上制定新规则；儿童能够从他律走向自律，一方面与儿童自身的认知发展相连，另一方面与外界约束性权威的退场紧密相连，换言之，儿童行为能否从他律走向自律，是内在因素和外在因素共同作用的结果；②就个体道德发展的普遍规律而言，道德他律是个体道德认知发展至自律的必经阶段，而“用平等与互相尊重界说的协作关系”[4] 促进个体自律，“权威和单方面的尊重而造成的约束关系”阻碍个体自律；在约束关系普遍存在的社会中，社会道德体系在本质上是他律性的，从他律走向自律的通道被堵塞，从他律到自律的转化被拖延。据此可见，如果我们认为自

[1] ［瑞士］皮亚杰．儿童的道德判断 [M]. 傅统先，陆有铨，译．济南：山东教育出版社，1984：83.

[2] ［瑞士］皮亚杰．儿童的道德判断 [M]. 傅统先，陆有铨，译．济南：山东教育出版社，1984：82.

[3] ［瑞士］皮亚杰．儿童的道德判断 [M]. 傅统先，陆有铨，译．济南：山东教育出版社，1984：479.

[4] ［瑞士］皮亚杰．儿童的道德判断 [M]. 傅统先，陆有铨，译．济南：山东教育出版社，1984：479.

律必然会随着个体年龄增长而在特定年龄段实现，就是忽视了社会环境、社会关系类型对个体道德发展的影响，就是对皮亚杰自律论的断章取义。

3. 康德自律论与皮亚杰自律论的比较分析

马克思曾用“道德的基础是人类精神的自律，而宗教的基础则是人类精神的他律”这句名言表达对康德自律论的肯定[1]。面对强大的宗教势力，康德细致勾画了人的自律理想，清晰提炼了自律的要素，这一点对于突破宗教束缚而言具有历史进步意义。

然而，康德自律论也存在明显的不足。其一，康德对自律道德类型和个体道德自律状态的理解太过绝对化。康德向往至善，认为绝对律令代表人类社会道德体系的最佳状态，人类及个体必须无条件地服从绝对律令，考虑当事人的利益、行为的功利后果和环境因素会玷污道德体系和道德行为的纯洁性。这说明，康德在突出“精神的主观性、自律性和道德的应然性”的同时忽视了“伦理的客观性、他律性和必然性”[2]，不讲自由意志的发展，不讲道德原则的层次，窒息了个人的道德自由[3]。这一点，已经受到黑格尔、马克思、恩格斯等人的批评。其二，康德低估了个体达至道德自律的难度。在康德看来，能否出于责任而做事，仅仅取决于个体遵从善良意志做事的意愿；只要个体愿意，他可以瞬间成为自律的人。这种“我欲仁斯仁至”的想法无视人的具体需要和现实条件，太过浪漫而不切实际。

皮亚杰将康德开创的自律论从天空拉回到了地面，对自律理论的完善有很大贡献。其一，皮亚杰对自律道德类型和个体道德自律状态进行了建构主义的理解，让自律理想更加具有吸引力。皮亚杰推崇建构，他所理解的自律道德是社会成员基于平等协商自主制定的道德，他所理解的道德自律是个体理解基于平商协商自主制定的道德规则的真正意义并且出于义务而自觉遵行规则。这种思路可以为实现康德的自律理想提供

---

[1] 宋希仁．论马克思恩格斯的自律他律思想［J］．马克思主义与现实，2014(2)：70－76.
[2] 宋希仁．黑格尔论自律和他律的统一［J］．道德与文明，2014(2)：47－51.
[3] 宋希仁．论马克思恩格斯的自律他律思想［J］．马克思主义与现实，2014(2)：70－76.

现实通道，因为唯有在人人平等、相互尊重的人际关系中，每个人的意愿和需要才能得到充分的表达，惠及所有参与者、普遍适用于所有人的道德体系才可能生成。并且，人们自主制定的道德体系随着社会条件变迁而动态更新，既能够无限趋近于康德所构想的绝对律令，又能够实现“对道德规范的超越”[1]，将道德价值的实现与主体的需要和乐趣统一起来[2]，实现主观能动性与客观规定性的辩证统一，在发扬理性的同时兼具道德自由及道家“无律”的某些特征，是更加值得追求的道德理想。其二，皮亚杰揭示了个体从他律走向自律的规律，对教育学有独特价值。皮亚杰强调个体道德观念从他律走向自律是复杂的成长过程，指出个体降生到社会之后必然首先“从成人那里接受”[3]各种规则，随着年龄的增长以及在相互尊重的协作关系中才慢慢意识到规则可变，这些观点为教育者统筹考虑内外在因素、系统培养道德自律指明了方向。

## 二、从他律走向自律：学校德育转型的社会背景分析

培养学生自律，是德育界的一致呼声，而经典自律理论提醒我们，唯有综合考虑相关各方利益、趋向公平与正义的道德体系才可能得到个体基于理性的自主遵守和拥护，才适于培养个体自律。那么，当代中国是否已经具备了培养自律的前提条件呢？回答是肯定的。经过 1840 年以来对救国之路的不懈求索，尤其是改革开放以来社会转型的自觉推进，当代中国所倡导的道德体系已经从“漠视人格尊严与个性特点的他律的道德”转变为“以尊重人格尊严与个性特点的自律为主的自律道德”[4]，以相互尊重为标志的社会关系正在经济、政治、社会生活各领域变成现实。

### 1. 道德体系逐步从他律走向自律

笔者将 1840 年鸦片战争以前的中国社会看作中国的传统社会。在

[1] 谭维智．论无律的道德［J］．河北大学学报哲学社会科学版，2011(2)：95–100.
[2] 夏湘远．义务・良心・自由：道德需要三层次［J］．求索，2000(3)：83–86.
[3] ［瑞士］皮亚杰．儿童的道德判断 [M]. 傅统先，陆有铨，译．济南：山东教育出版社，1984：1.
[4] 陈桂生．德育引论 [M]. 上海：华东师范大学出版社，2018：14.

传统社会中，人对人的依附以皇权专制的形式出现，与此相适应的道德体系就是以单方面尊重为特征的他律道德，它名为儒家道德，实为臣民道德。儒家道德体系是专制政府借重的道德体系，它强调君臣、父子、夫妇、兄弟尊卑有序的宗法等级伦理，虽然在要求统治者以身示范方面体现一定的民本性，但强调女子对男子、儿子对父亲、臣子对君主的单方面尊敬，推崇后者的绝对权威，这表明儒家道德所维护的人际关系就是皮亚杰所说的约束关系。臣民道德是专制政府真正推行的道德体系，它经由专制皇权对正统儒家道德加以改造而形成，片面强调臣子的道德义务，以效忠于君王，听命于长者、尊者、贵者为本质规定，以服从型、依附型和义务型为外在行为规范[1]，是一种更为彻底的他律道德。臣民道德的他律性决定了它既不能普遍推广，也无法成为个体行为抉择的稳定指导力量：一方面，臣民道德规条（如“君要臣死，臣不得不死”）不仅体现赤裸裸的服从，而且无法推广至所有成员，若普遍实行可能导致社会的灭亡；另一方面，专制时代人们对三纲等道德规条的遵守，普遍是基于功利计算的，如臣子听命于君主的原因不在于是非对错，而仅因为对方是君主，一旦改朝换代，臣子可能又转而服从当下的君主，将过去君主的命令（哪怕是正确的命令）抛到脑后。

在漫长的封建社会，以服从为标志的他律道德大行其道，极大地束缚了国人的个性和创造性，削弱了社会发展动力，成为近代中国落后于列强的重要思想根源。自 1840 年开始，中国人正式开始“走向何方”的救国探索，对新型道德体系的探索也是其中的重要内容。新文化运动时期，先进知识分子开始系统反思和批判封建礼教，倡导自由、平等、博爱等新型道德，推动了社会民主进程，不过，这种新型道德的倡导与当时救亡图存的战争需要联系不够紧密，道德转型进程时断时续。依据马克思主义价值观，中国共产党在领导全国人民争取解放的过程中提倡大公无私、先人后己、“毫不利己、专门利人”等革命者道德，这种道

[1] 时中．中国传统伦理社会与臣民道德研究［J］．辽宁大学学报（哲学社会科学版）,2004(3):82–86.

德体系对于凝聚士气人心、争取战争胜利发挥了举足轻重的作用。新中国成立以后，党在较长时间内继续宣传、发扬高尚的革命者道德，一方面取得了建国初期经济社会发展的一系列重大胜利，另一方面由于脱离社会发展阶段、片面强调社会利益而抹杀个人利益[1]致使社会生活出现混乱。改革开放以来，党和政府对以往建构的道德体系进行系统梳理，辩证地看待传统道德、共产主义道德的优点与不足，逐步提出了平衡集体利益与个人利益、兼顾先进性与普遍性的公民道德体系。《新时代公民道德建设实施纲要》明确提出要在全社会大力弘扬社会主义核心价值观，积极倡导富强、民主、文明、和谐、自由、平等、公正、法治、爱国、敬业、诚信、友善，将国家、社会、个人层面的价值要求贯穿到道德建设各方面，引导人们在社会上做好公民，在工作中做好建设者，在家庭里做好成员，在日常生活中养成好品行。

近距离审视，我们可以发现：公民道德指向全体中国人，坚持人人平等，这种道德越是普及，社会发展越会因之而受益； 公民道德可以经受住理性的追问，是公民在理性的指导下愿意自主选择、自觉遵守的道德。简言之，公民道德是合乎康德、皮亚杰所说的自律标准的道德，即公民道德可以普遍适用于全体社会成员，可以明确坦诚而无须伪装地告知全体社会成员。

2. 社会关系逐步从约束关系走向协作关系

经济基础决定上层建筑，上层建筑反作用于经济基础；从臣民道德走向公民道德、从他律道德走向自律道德，是当代中国经济政治进步、社会关系转型在社会道德领域的必然体现和要求。

恩格斯说：“一切以往的道德论归根结底都是当时社会经济状况的产物。”[2]臣民道德等他律道德是小农经济、专制政治、封闭社会的产物。构成封建社会经济基础的，是自给自足的小农自然经济，而农业经济中最重要的生产资料——土地，在全国范围内由皇帝绝对支配，这决定了

[1] 龚群 . 当代中国社会伦理生活 [M]. 成都 : 四川人民出版社 ,1998：38.

[2] 马恩著作编译局 . 马克思恩格斯全集（第 20 卷）[M]. 北京 : 人民出版社 ,1971：103.

他在政治上对全国享有最高的统治权，也确定了皇帝支配一切政治经济利益、全体臣民依附于皇权的关系格局。这一关系格局决定了全体臣民必须向皇帝奉献、恭敬、忠诚、顺从才能获得安全、金钱、权势，如有违抗，“君要臣死，臣不得不死”。君主拥有一切、掌管一切、支配一切的事实，必然导向以“听话”为唯一美德、以无条件服从为根本标志的臣民道德。

新中国成立、社会主义基本制度确立，迅速改变了人的社会关系的类型，而在新中国成立初期的计划经济时代，社会经济的高度集权化及其指令性强调对计划指令的绝对服从与执行，导致人依附于某个单位、某个组织，固定于某块土地的人的静态性、封闭性及依附性[1]，社会主义制度对人的解放功能没有得到充分发挥。改革开放以来，市场经济迅速发展，社会治理的民主和法治进程持续向前，现代社会的平等公民关系越来越普遍建立。在经济领域，市场经济建立了人与人之间以自由平等为标志的契约关系，鼓励社会成员发挥所长以推动社会进步；在政治领域，民主法治确立了“法律面前人人平等”的政治地位，人与人相互尊重、平等协商成为社会治理的基本形式；在社会生活领域，社会成员广泛流动、思想意识趋向多元以及互联网生活空间的兴起，一方面赋予个体越来越大的自主空间，另一方面极大地冲击了传统社会的道德约束机制，要求确立新型的基于相互协商、彼此同意的行动准则才能保持社会稳定与发展。

综合以上分析，笔者认为，当代中国逐步建立健全了有助于自律道德体系和自律型道德人格生成的社会关系及社会条件，明确提炼了以公民道德、社会主义核心价值观为旗帜的自律道德。同时，由于社会转型是漫长而复杂的，我国经济、政治、文化等领域的社会关系存在很多约束关系的残余，人们的价值观念还处于新旧交替或交锋的矛盾过程之中，依附性服从的惯性还在发挥作用[2]，体现民主平等的公民道德、社会主

[1] 龚群．当代中国社会伦理生活[M]．成都：四川人民出版社，1998：35.
[2] 龚群．当代中国社会伦理生活[M]．成都：四川人民出版社，1998：10.

义核心价值观仍需大力宣传、积极培植，才能真正做到内化于心，外化于行，成为主导国人生活方式的行动准则；而传递公民道德、培养自律公民、为全社会道德转型做出积极贡献，成为学校德育义不容辞的责任。

## 三、搭建通往自律之路：学校德育转型的路径选择

在论及民主社会中学校教育的职能时，杜威指出，教育要“成为人类实现更好希望的工具”，即学校要提供相比现存社会简化、净化、平衡的环境，促使年轻人“不重演流行的习惯，而是养成更好的习惯，使将来的成人社会比现在进步”。[1] 就道德教育而言，中国社会道德发展的趋势是走向自律，随着社会转型的推进，越来越多的国人将达到自律的道德水平，养成自律型道德人格；但教育工作者不应等待这一趋势缓慢而自发地发挥影响，而应有所作为，自觉推动自律趋势的落实，加速社会进步。当代学校德育有必要为青少年搭建通往自律之路，这意味着学校德育要告别传统社会留下来的习惯，开创一条新路。

1. 认清障碍，全面反思学校德育的他律传统及其当代遗存

中国传统社会的学校德育总体上是他律的、控制的、以思想奴役为内核的，要求受教育者服从钦定道德体系、推崇听话服从、禁锢个体独立思考等特征贯穿于传统德育全过程。在古代学校中，说理就是说服，没有师生平等对话探讨，只有师长对弟子的教诲与弟子的遵命；锻炼就是训练，要求弟子严格地遵照规矩行事，不得擅作主张，使弟子不敢越雷池半步；榜样示范就是通过表彰忠臣、孝子、节妇来劝导顺从；戏剧说唱、小说故事等也是统治者宣传臣民道德、欺骗被统治者的手段；儒家学者倡导“慎独”“自省”“切己体察”等看似自我教育的方法，但它们所指向的是强制自己对权威甚至习俗的盲从[2]，不敢有行为规则的发明创新。孔子所言“七十而从心所欲不逾矩”，本身虽然是很难达到的境界，但“不逾矩”说明孔子倡导严格遵行既定等级伦理规则而不容

[1] ［美］杜威 . 民主主义与教育 [M]. 王承绪，译 . 北京：人民教育出版社 ,2001：89.
[2] 陈桂生 . 德育引论 [M]. 上海：华东师范大学出版社 ,2018：30.

许对规则的一丁点突破或破坏。他律德育的结果是造就了一批又一批他律型道德人格，一方面，社会成员丧失自主立约的意愿和能力，忠君、顺从渐渐转化为一种集体无意识；另一方面，社会成员普遍缺少坚定的是非善恶标准，在约束关系严密的地方压抑自我、在约束关系松散的地方放纵自我成为常态，其德行带有极大的不稳定性。

经过近代百年德育创新探索和新中国成立初期共产主义道德教育的洗礼，他律德育方式部分地从学校退场，如当前学校不再蛮横地要求学生服从，很多学校倡导的德育理念是自主、自觉、自律等。然而，由于缺少对他律传统的系统反思和清理，所以，学校中还存在很多他律传统的残余：灌输是德育课进行道德规则讲授的主要方式，学习者必须牢记标准答案而不能辩驳；学校对学生的管理方式较为严苛，“这些规章都多少是传统的、专横的。它们是为了现存的学校工作方式可以继续下去而不得不制定出来的规则”[1]；有些学校推行自主管理，但其实质是由学生干部代替教师依据学校既定的规则来严格管理同学，并不是皮亚杰所说的以自主制定规则为前提的自律。这说明，系统反思学校德育的他律传统，为培育公民道德清除障碍，是极其必要的。

2. 澄清观念，在社会成员基于平等协商自主制定和遵守规则的意义上定位自律

在“如何理解道德自律”这一问题上，笔者遵循皮亚杰的思路，认为道德自律即个体理解基于平等商协商自主制定的道德规则的真正意义并且出于义务而自觉遵行规则。就自律而言，无论是机械地记住体现自律特征的公民道德知识，还是死板地按照公民道德所倡导的规则做事，都不足够；一个实现道德自律的公民，必须能够平等地参与规则制定，形成对公民道德的理性认同、自主建构和自觉遵守。

自主立约式自律推崇建构，强调公民道德的规定性与生成性的统一。公民道德提示了公民在社会行动中所应遵循的基本原则，但并不是公民

[1] ［美］杜威．学校与社会 [M]. 赵祥麟，等，译．北京：人民教育出版社，2005：141.

必须逐一照做的死板规条;“行动总是特殊的、具体的、个别的、单独的”[1],真正值得称道的美好行为必然是个体在具体情境中综合考虑各方因素和各类规则而实施的智慧行动。自立立约鼓励个体明智而个性化地选择行动规则，基于试探不断修正规则、完善行为；平等协商为这种试探护航设限，确保其合乎普遍适用的道德理想，不会伤害他人合法权益，不会危及社会稳定和发展。这种道德领域的持续探索能够为公民道德的持续完善提供不竭动力。

自主立约式自律注重民本，强调公民道德的约束性与主体性的统一。作为调节人与人、人与社会关系的准则，公民道德必然具有约束性，但这种约束的目的在于保证每个人的发展而不带有反对个人的性质[2]。自立立约确立人的主体性，保障个人表达自己需要的权利，鼓励个人形成对生活和社会的独立见解，平等协商则促成不同主体的坦诚对话，由此确定的行为规则能够平衡各方诉求，兼顾各方利益（尤其是个人利益与集体利益），通过合理约束促进每个人的发展。

3. 遵循规律，构建以培养自律为宗旨的学校德育方法体系

一是规限成人权威，确定合理规则，促进自律发生。个体自出生开始就进入一个充满规则的社会，个体自律必须经由个体遵守既定社会道德规范的他律阶段才可能出现；并且，要使个体自律从潜能变为现实，要尽可能地弱化社会生活中的成人权威。这要求学校反思、梳理学校中运行、倡导的校规校纪和道德规范，确保为学生提供的行为规范具有合理性，能够经受理性的审辨；反思规则的必要性，如无必要不设限制，这样才能为学生在当下和未来探索社会行为规则开辟广阔空间；在依据既定规则进行校园管理和思想引导时，不能把学生设定为消极、沉默的顺从者，而要加强说理和解释，听取学生意见，让学生不仅知其然而且知其所以然，逐步形成进行社会行为因果推理和自主选择的能力，促进学生自律尽早出现。

---

[1] ［美］杜威 . 哲学的改造 [M]. 许崇清，译 . 北京：商务印书馆，1958：100.

[2] 肖雪慧 .“道德本质在于约束性”驳论——答夏伟东同志［J］. 哲学研究，1987(3)：68–73.

二是鼓励自主立约，指导同伴协商，推动自律生成。个体自律不是个体对一成不变的至善规则的刻板遵守，而是意味着个体能够分析社会情境变迁，通过与他人协商不断建构、执行和修订行为规则。这要求学校确立自主立约的基本程序，帮助全体学生掌握清晰表达观点、倾听他人观点、尊重差异等必要的协商能力，在安全、秩序底线能够得到保障的前提下给学生提供自主选择、自主行动、基于行为后果进行自主推理和调整的机会，鼓励学生本着不断建构的自主道德观念来实施行动，内诚于心、外信于行。有必要指出的是，学生基于同伴协商所建构的行为规则必然体现学生活泼多样的天性而不符合过分强调整齐划一的严苛校规，如一线班主任在工作中所发现的那样，实行自主管理的班级不可能像接受精细化管理的班级那样周周拿流动红旗[1]；但是，学生自主确定的行为规则体现了规则的生成性，既具有平衡社会秩序和个性需求的合理性，也拥有逐步改善、日趋完善的动力。教育者有必要反思以往过分注重将成人拟定的、思虑周详的整套规则硬塞给学生是否存在“揠苗助长”之嫌，有必要判断学生成长过程中所出现的顽皮、不合规矩是否恰好是个体道德成长规律的必然显现，进而给学生提供在尝试错误中实现道德成长的机会。

三是丰富校园生活经验，统筹运用各种德育方法，支持自律成长。道德自律不是个体基于抽象原则的侃侃而谈或自我标榜，而是体现在个体基于具体情境处理现实问题的经验过程之中。这要求学校重新评估各种德育方法的价值，构建有助于个体自律的德育方法体系。学校应该将直接经验法——个体基于实际经验体会不同选择带来的后果并据此开展道德观念的反思和建构——置于德育方法体系的中心，因为，基于直接经验，个体不断积累与道德规则相关的经验，逐步形成相应的认识，这些认识因为得到经验的支撑而成为指导个体未来进行行为选择的能动的认识，即杜威所说的道德观念；并且，个体经由阅读、听讲、虚拟体验等获得的关于道德规则的认识或者知识，必须经由个体直接经验验证（而

[1] 陈宇 . 最好的管理是激发每一个学生［J］. 班主任 ,2018(7)：20–22.

且往往需要得到持续的验证）之后，才能真正成为指导个体行动的观念。其他德育方法均可看作直接经验法的延伸，如活动强化法是直接经验法在教育者操控情境中的延伸，榜样示范法是直接经验法在借助他人经验方面的延伸，角色扮演法是直接经验法在虚拟情境中的延伸，说理法是借用经过抽象概括的他人经验指导个体直接经验的方法，自主修养法则是学习者自主规划和组织本人经验过程的方法。针对传统德育片面强调说教、学习者缺少在经验中学习的机会等弊病，新时代学校德育一定要克制直接道德说教的习惯，转而丰富学生的同伴交往机会、团队合作机会、社会参与机会，培养学生反思生活经验的能力和习惯，紧密联系实际情境讨论爱国利他等高尚道德，让基于经验的体悟与基于理论的教导相融相生，最终促使个体确立稳定的公民道德观念，在具体情境中做出适当的行为选择。

## 第二节　学生管理：正当且重要的德育途径

当我们主张将直接经验法置于学校德育方法体系的中心时，我们试图确认并确立学生管理在学校德育中的核心地位。直接经验法主张让学生基于实际经验体会不同选择带来的后果并据此开展道德观念的反思和建构，而学校对学生的管理，学校对学生行为的表扬或批评、奖励或惩罚乃至学校对学生活动类型和活动方式的设定和指引，恰恰是学生在校园内所生成的直接经验的关键组成部分，而教育者关于是非善恶的条分缕析的阐述，可以自然而然地看作是学生行为及其后果的自然延伸。我们认为，将直接经验看作学校德育的核心，将说理、阅读等常见德育方式看作直接经验的延伸，既体现了对于个体道德学习规律的尊重，也摆脱了将个体道德学习看作是奖惩导致的机械后果的行为主义思路。

人们可能会质疑学生管理在学校德育中的重要性，因为长期以来人们对学生管理持有根深蒂固的偏见，认为学生管理是非理性的、违背个性的甚至是反道德的。要想破除这种偏见，我们试图展开商榷，借以破旧立新。2017 年第 3 期的《中国教育学刊》发表了邓超教师的论文《德育管理化倾向的原因及对策探析》（以下简称“邓文”），邓文指出中小学德育中存在“管理”被异化为“管制”、过分倚重常规管理量化考核与惩戒、管而不育、学生失语[1]等问题，具有现实针对性；然而，邓文曲解了学生行为管理与德育的关系，将对被异化的学生行为管理的批评笼统地变成对学生行为管理的批评，贬低了学生行为管理作为“德育的经验形式”[2]之一的德育功能。笔者认为，学生管理（邓文所称“学生行为管理”）是正当且重要的德育途径，新时代我们应该反对和反思违背品德成长规律、片面要求学生顺从的“管制”型学生管理，倡导并构建回归育人本位、理性引导与情感培育相融合的学生管理体系。

## 一、学生管理育德的正当性辨析

### （一）学生管理的内涵规定性：积极管理与消极管理的统一

陈桂生先生指出，学生行为管理是教师在学校工作中对学生行为的干涉，包括学生在校生活和活动的组织，对学生不当行为的约束和对学生行为的指导；学生行为管理是教师职责的必然组成部分，“教师对学生的行为不但应当经常关注，有必要时还有责任加以干涉”；对学生行为的强制性约束和正面指导都属于“管理”，但“严格意义的学生行为管理”仅指“对学生行为强制性的约束”[3]。邓文援引陈先生观点，突出强调对学生行为强制性的约束，认为管理就是要克服儿童“不服从的烈性”、驯服人的野性，与培养学生道德行为和道德品质的德育之间有着本质的区别[4]。与此不同的是，《中国教育大百科全书》“学生管理”

[1] 邓超．德育管理化倾向的原因及对策探析［J］．中国教育学刊，2017(3)：100-104.
[2] 邓超．德育管理化倾向的原因及对策探析［J］．中国教育学刊，2017(3)：100-104.
[3] 陈桂生．“学生行为管理”引论［J］．华东师范大学学报（教育科学版），2007(1)：1-11.
[4] 邓超．德育管理化倾向的原因及对策探析［J］．中国教育学刊，2017(3)：100-104.

词条认为：学生管理是学校教师和管理者为顺利实现教育目标，对学生及影响学生成长的各种因素所实施的计划、组织、指挥、协调、控制等活动的总称[1]。仔细推敲可以发现，以上两种观点恰好走向两个极端，前者失于狭窄，把管理等同于强制性约束，与当代管理思想相违背；后者失于宽泛，架空了学生管理概念，因为对影响学生成长的各种因素的计划和控制实则包括学校教育的全部工作。

在“学生行为管理”和“学生管理”两个概念之间，笔者选用“学生管理”，因为学生管理必然是对学生行为的管理，在概念中加入“行为”二字没有必要。笔者认为，学生管理是学校和教师对学生言行实施的管理，既包括对学生不当行为的约束、纠正，也包括对学生正当行为的鼓励、引导，因而，学生管理在内涵上意味着积极管理与消极管理的统一。消极学生管理指对学生问题行为的约束和纠正，因为问题行为“不但是个人成长中不健康的表现，而且有碍于别人或集体活动正常开展”[2]；积极学生管理指对学生正当行为的鼓励和引导，因为正当行为能确保学生健康成长和学校教育有序开展。古今中外丰富的教育实践经验提示我们，学生管理不能沦落为“消防”，坐等问题行为出现甚或“病入膏肓”，而应采取主动，未雨绸缪，防微杜渐；明智的教育者总是会尽可能早地开展积极学生管理，用正能量引导学生成长，同时辅以必要的消极学生管理，敦促违规学生回到健康成长的康庄大道上。

### （二）学生管理的外延规定性：理性引导与情感培育的融合

片面强调消极学生管理的研究者注重“管制”意义上的学生管理，将威胁、监督、命令、适度的体罚、权威和爱看作学生管理的主要措施；认为学生管理要么是“对学生行为进行严格的约束和训练”的刚性管理，要么是以“感化”或“爱的教育”为标志的柔性管理，“不致促成学生理性的发展”[3]。这种观点将“非理性的管理”混同于“管理”本身，

[1] 顾明远 . 中国教育大百科全书 [M]. 上海 : 上海教育出版社 ,2012：2008.

[2] 陈桂生 .“学生行为管理”引论［J］. 华东师范大学学报（教育科学版）,2007(1)：1-11.

[3] 陈桂生 .“学生行为管理”引论［J］. 华东师范大学学报（教育科学版）,2007(1)：1-11.

窄化了学生管理的外延，拉低了学生管理的现代化水平。

回归常识想一下，我们不难发现，学生管理的实施方式是丰富多样的，既可能通过考核、奖惩培育学生的荣誉感、羞耻心，促使学生非理性的服从规则；也可能以理服人，促进学生基于理性认同做出正当行为。随着教育民主化进程的推进，“不讲理”的管理方式受到越来越多的质疑，诉诸理性引导的学生管理必将越来越成为学生管理的主流。

陶行知用四颗糖教育学生的故事，突出显示了理性引导和情感培育相融合的学生管理所具有的独特魅力。一个男生用泥块砸同学，陶行知制止了他，命令他放学时到校长室。男生在校长室等着挨训时，陶行知却相继因为学生守时、及时住手、正直善良、正确认识自己的错误奖给学生四颗糖。就这个故事而言，陶行知显然是在处理学生的不当行为，但他采用的学生管理方式既不残酷无情，也不滥用情感，而是将禁止、命令、奖励、启发巧妙结合，促进了学生理性和情感的发展。

陶行知是这样做的，众多明智的教育者也是这样做的。假如班上同学因为违反了“严禁赌博”这一有理的校规而扣分时，负责任、有智慧的教师可能会批评、罚抄班规、约谈家长，还可能做更多：对违规学生“冷处理”，让学生自己反思错误；关爱违规学生，以温暖来吸引他回归正途；在班级开展丰富多彩的文体活动，表扬积极分子，面向全体学生培养健康的兴趣爱好，以防更多学生卷入赌博等不当活动；利用班会和团队活动时间向学生系统讲解赌博的危害，晓之以理，动之以情；带领学生参观法治教育基地，树立“勿以恶小而为之”的警惕意识；基于对学生的了解任命违规学生担任班干部，增强其规则意识和集体荣誉感……这些做法，既包括诉诸情感的惩戒、关爱，也包括诉诸理性的讲解、引导，足以展现学生管理方式的丰富性。

### （三）学生管理的价值规定性：学校德育体系的有机组成部分

基于以上分析，笔者认为，学生管理是学校德育体系的有机组成部分，即管理育人之中的“学生管理育人”，可以通过理性引导和情感培育减少学生的不当行为、培养学生的正当行为和良好品德。针对邓文“管理仅是教育的最低境界”的观点，笔者认为有必要进一步分析学生管理在学校德育体系中的地位。

首先，学生管理和直接德育有机融汇于学校德育体系之中，两者之间没有严格的界限。就字面含义来说，学生管理注重对学生外在行为的约束和指导，而个体行为受到自身思想观念的支配，学生管理不能不关注学生的理性和情感；直接德育注重对学生道德观念和道德品质的培育，但只有依据对学生日常言行的了解才能选定有针对性的德育教学主题和活动形式，德育课和德育活动的效果也需要依据学生走出课堂之后的言行加以判断。就预防学生沉迷网络游戏而言，教师可以从制定规章、惩罚违规者入手，进而开设讲座、举行班会；也可以从讲座和班会开始，进而制定并执行规章。刻板地把学生管理和直接德育截然分开，过分强调两者的界限，只会人为增加德育体系的内耗，不利于达到“1+1>2”的理想效果。

其次，基于生活德育理念，学生管理的德育功能需要重估并引起足够重视。以往德育实践过分强调知识化德育、专门化德育，力图通过专门的德育课和德育活动来培育良好品德。杜威等研究者指出，相比通过学校氛围、教学方法进行的间接德育，直接道德教学的影响是微弱的[1]。生活德育理念主张走出知性德育的误区，通过生活、在生活中开展德育，学生管理（学校对学生行为的指导）恰好贯穿于校园生活全过程。学生生活在校园内，生活在频繁的师生交往、同学互动之中，如果学校在校园生活中持续要求学生遵守社会所倡导的行为规范和价值观，如果学生一直受到教师和同学基于平等、尊重、合作、互助等原则的对待，即使学校里没有开设专门的德育课，他的道德品质也不会太低，如《论语》所说“虽曰未学，吾必谓之学矣”。不难看出，从知性德育走向生活德育，意味着我们要确认学生日常生活经验在德育体系中的核心地位，更加重

[1] ［美］杜威．学校与社会·明日之学校 [M]. 赵祥麟，等，译．北京：人民教育出版社，2005：137.

视学校约束和指导学生言行的模式、方法和育人实效。

## 二、学生管理育德功能的遮蔽

邓文时而将管理看作德育的经验形式，时而强调管理和德育有本质的区别，存在概念飘移的问题；而邓文的贡献在于从一线工作者的角度揭示了当前德育和学生管理中存在若干违背德育规律、不利于学生理性推理能力发展的做法。要充分发挥学生管理的育德功能，有必要对当前学生管理方式存在的不足进行冷静反思。

### （一）功能定位偏差迷失学生管理本职

一些学校将学生管理的功能理解成“为教学保驾护航”，不愿意细致入微地对学生开展晓之以理、动之以情的引导，而是倾向于制定武断而严苛的校规校纪，用统一标准管束学生，以期迅速消除学生的不当行为，维护教学秩序，保障考试成绩和升学率。此时，学生管理将校园秩序凌驾于品德发展之上，忽视对校规正当性的审查，容易蜕变为蛮不讲理的“管制”。

学生管理是兼具工具性价值和本体性价值的工作领域。就工具性价值而言，学生管理能够创造安全、有序的学校环境，为包括课堂教学在内的其他教育工作顺利开展创造可能；就本体性价值而言，学生管理是紧扣学生日常生活培养良好品德和行为习惯、促进道德社会化的重要机制，是落实立德树人的重要途径。立德树人是教育的根本任务，育人是学生管理的本职，而把学生管理看作教学的辅助手段的思维方式却将教育功能窄化为应试，“护航”的说法夸大了学生管理的工具性价值，遗忘了其育人本职，导致了学生管理的扭曲。

### （二）实施方式畸形阻断从他律走向自律的通道

由他律走向自律是个体品德发展的基本规律，《中国教育大百科全书》“学生管理”词条指出，学生管理是使学生逐步由他律到自律、由不自觉到自觉的过程[1]。然而，在小学、初中、高中乃至大学，常规管

[1] 顾明远．中国教育大百科全书 [M]. 上海：上海教育出版社，2012:2008.

理量化考核一直大行其道，用考核、监视、告密、奖惩约束学生，迫使学生“理解的要服从，不理解的也要服从”，虽然可以取得行为管控的即时效果，从长远来看却不利于个体品德成长。

量化考核的心理学基础是行为主义的强化理论，其突出问题是把学生当作驯化的对象，而没有把人当人看待：它将学生置于对剥夺、惩罚的持续恐惧之中，限制了学生通过体验自然后果来探索规则的机会，甚至压根不允许学生犯错误。长此以往，学生的个体差异、人格尊严和独立推理能力持续受到碾压，规则意识生成的“源头活水”被切断，丧失了走向自律的机会。笔者认为，迷恋量化考核的管理方式正是部分教育者反映“学生越大越难管”问题的症结所在。

### （三）运行过程孤立导致育德实效低下

邓文所述“中小学德育普遍存在管理化倾向，甚至以学生行为管理替代德育”[1]并不符合实情，因为德育课程和德育活动是各校普遍采用的德育途径，从未被管理取代；真正值得反思的，是学生管理运行过程的孤立，尤其是学生管理与直接德育的彼此隔膜。

德育知识化、专门化导致学生管理与直接德育的割裂：教师利用宝贵时间上了德育课，组织了主题德育活动，之后却不再投入时间和精力观察、指导、纠正学生在校内外的言行；在同一段时间内，学生管理重点与德育课教学内容毫无联系，分散了学生的注意力；针对同一德育主题，校园规章和德育教科书内容存在较大分歧，让学生无所适从。这些都导致学生管理乃至整个德育体系的低效。在调研中可以看到，有的学生在课上会发表舍己为人的豪言壮语，在生活中却欺凌弱小、小偷小摸。联系杜威关于教育中“主要的浪费是人的生命的浪费，儿童在校时的生命的浪费和以后由于在校时不恰当的和反常的准备工作所造成的浪费”[2]的观点，笔者认为，学生管理与直接德育割裂、德育力量分散，不能不

[1] 邓超．德育管理化倾向的原因及对策探析［J］．中国教育学刊，2017(3)：100−104.

[2] ［美］杜威．学校与社会·明日之学校 [M]. 赵祥麟，等，译．北京：人民教育出版社，2005：53.

说是对学生成长的渎职，对学生生命和教师劳动的浪费。

## 三、学生管理育德功能的实现

要真正发挥学生管理的育德功能，使学生管理作为正当且重要的德育途径赢得学生、教师及全社会的尊重，必须走出“管制”取向，回归育人本位，将学生管理的目标定位于培养自律的学生品德和良好行为表现，全面优化学生管理的实施方式，理顺学生管理与德育体系其他途径之间的关系。

### （一）优化前提：保障校规的合理性

以育人为本位的学生管理应该培养学生对规则的理性认同而非盲目服从，其必要前提是审视校园规章，保障校规的合理性。一是要坚持民主沟通。要倾听学生声音，广泛动员学生思考“我希望生活在怎样的学校 / 班级之中？校园生活和班级生活需要哪些规章？违反规章应该承担什么后果？”等问题，使校规体现对学生年龄特点、个体差异、个性发展需求的尊重、宽容、鼓励，不宜过分追求整齐划一。二是要坚持多元平衡。学校承担着代表社会向青少年传递主流价值观的法定责任、促进学生身心健康发展的人本责任、为教师提供体面有尊严的工作条件的组织责任，应该召集学校管理者、教师、学生、家长、教育研究者、政府、社区人士各方代表共同审议校规，使相关各方的观点得到充分的表达和互动，使最终出台的校规能够恰当平衡社会发展要求、学生成长需要、教师合法权益，相比以往的校规更加能够赢得学生基于理性推理的尊重和信从。三是要坚持动态更新。确立定期审查和修订校规的常规机制，及时应对学生成长、时代进步和校园变迁带来的新情况、新问题，提升校规的针对性和科学性。

### （二）完善过程：开展有机协调的学生管理

当代学生管理要协调处理好学生管理育德的各种矛盾和关系，为学生品德成长搭建坚实阶梯。一是使积极管理与消极管理有机统一，以引导鼓励为主，以约束惩戒为辅。要注重表达对正当行为的期望，加强对正当行为的强化，促进良好习惯养成；优化成长环境，打造良好氛围，营造平等、尊重、友善、进取的校风班风，使学生进入校园就能受到正能量的指引。二是使理性引导与情感培育有机统一，将理性引导贯穿管理全过程。与学生展开平等对话，引导学生思考各类规章与美好生活、健康成长、社会发展的关系；在运用奖惩手段时也要进行说理引导，促使学生不仅“知其然”而且“知其所以然”。说理的方式要与时俱进，通过灵活运用问题情境创设、实践体验、模拟扮演、故事品析、研讨辩论等方法融合知情意行，使学生管理能够更加入心入行。三是使管理与自主管理有机统一，注重主体性培育。让学生平等参与校规制定，为学生自主摸索学习生活规章提供宽松环境，通过设置学生自治委员会、值日班长乃至学生值日校长等提供丰富的自主管理、自我教育机会，“把教育的对象变成自己教育自己的主体”[1]。四是使集体教育与个别指导有机统一，支持个性和创造性发展。既要提出面向全体的统一要求，又要细致分析不同学生的成长特点，鼓励学生在不危害他人的前提下自主探索；既要加强班集体、学习小组、社团建设，发挥同伴间的正向促进，又要赋予个人选择机会，进行有针对性的指导，避免同伴压力对个性发展的伤害。

### （三）推动融合：以生活为中心构建德育体系

首先，学校要加强德育体系整体规划，促使学生管理、直接德育等德育途径协调一致，发挥育人合力。要建立全员育人的联动机制，促使德育处、团委、少先队、班主任、德育课教师乃至全体教师对本校德育的推进理念、工作重点、协作方式达成共识，群策群力。要围绕当前学生成长中的突出倾向或问题确立德育和学生管理项目，以主题教育周或月的方式整体推进，打破隔膜，使常规管理、直接德育等各项工作围绕项目联动开展，有效帮助学生养成相应观念和习惯。

[1] 联合国教科文组织．学会生存 [M]. 北京：教育科学出版社，1996：200.

其次，要坚持在生活中育德，促使各种德育途径在校园生活中相遇、交汇。走进新时代，回归生活、指引学生走向美好生活成为德育的主导理念，当前《道德与法治》教材即直面学生成长中遇到的问题，以学生成长过程中需要处理的各种社会关系为线索，以逐步扩展的生活为成长舞台，以过积极健康的生活为价值追求，鼓励学生知行合一[1]，落实德育课程的思想性、人文性、实践性、综合性[2]；而回归育人本位的学生管理强调纪律、约束是自由、发展的手段，从帮助人学会生活、学会交往的角度来实施合乎理性、遵循规律的管理，致力于引导人、促进人、成全人。以上理念的落实，要求做到生活逻辑和知识逻辑的统一，坚持德育向生活开放，提高在生活事件中萃取德育资源的敏感性，促使学生从生活实际出发实现良好品德的自主建构。校园文化建设、师德教育、家校合作等也要紧扣校园生活和社会生活实际，使校园中的批评、表扬、德育课教学、班团队活动、校园广播、研学旅行、社会实践等围绕学生日常生活扩展和优化这一中心展开，使学生自主管理、同伴正向促进、师长积极示范、良好氛围熏染等多种因素彼此支撑。这样，学生管理必能更好地促进学生良好行为习惯养成和美德生成，促进自觉自律的社会主义合格公民的成长。

## 第三节　教育性学生管理：新时代学生管理的应然走向

种种迹象表明，当代中国通行的学生管理模式处于进退维谷的困境，面临何去何从的抉择：一方面，奉行军事化封闭式管理的中学虽然成为

[1] 杨一鸣，王磊．彰显国家意志 促进人的全面发展：新时代初中《道德与法治》教材编写思想刍议［J］．中国教育学刊，2018(4)：12-17.

[2] 中华人民共和国教育部．义务教育思想品德课程标准(2011年版)[M]．北京：北京师范大学出版社，2011：1-2.

闻名全国的高考名校，却不得不承受不绝于耳的“抹杀学生个性”“不利于全面发展”等批评；另一方面，学生被批评、惩罚之后拿生命当儿戏的跳楼甚或弑师等做法不断把学校教育以及以批评、扣分、惩罚为主要形式的学生管理方式推向社会舆论的风口浪尖。整体盘点当前的学生管理，我们建议跳出创新管理手段、提升管理效能的工具理性追求，转而反思常规学生管理方式的道德合法性，呼唤学生管理的模式转换，从传统的规训式学生管理走向合乎时代精神趋向的教育性学生管理，以期真正发挥学生管理的育德功能，使学生管理作为正当且重要的德育途径赢得学生、教师及全社会的尊重。

## 一、规训式学生管理的总体特征与衍生背景

鉴于我国以往和现行的学生管理强调学生对既定规范的服从，注重“把学生管住”，笔者将其概括为规训式学生管理。

### （一）规训式学生管理的特征阐析

自从“规训”一词伴随福柯思想的译介而进入我国教育研究领域以来，这一概念一直在规范、训练、控制[1]等意义上被使用。笔者用“规训”来概括传统学生管理模式，是因为传统学生管理突出强调规范和训练，体现出以规范为中心、以训练为中心、以教师为中心的总体特征。

“以规范为中心”，指传统学生管理的目标是促使学生服从既定的规范。康德将学生管理理解为训诫（管教），指出其意义“纯然是对野性的驯服”“从人身上去除野性”“防止错误”，让学生“感受到”并“服从法则的强制”从而“能够习惯于静静地坐着，严格遵守事先给他们规定的东西”[2]。赫尔巴特指出普通人所理解的学生管理仅仅在于“维持秩序”[3]。反观各级各类学校，尽管学生管理以不同形式出现，但其目的是相通的，即要求学生遵守预设的校规、班规，以形成并维护大家

[1] 金生鈜．“规训化”教育与儿童的权利［J］．教育研究与实验，2002(4)：10–15.
[2] [德] 康德．康德教育哲学文集 [M]. 李秋零，译．北京：中国人民大学出版社，2016：7–16.
[3] [德] 赫尔巴特．普通教育学 [M]. 李其龙，译．杭州：浙江教育出版社，2002：25.

习以为常的教育教学秩序；当学生的行为不符合校规时，教师的做法通常是强调规则是“神圣而不可侵犯的”[1]，批评学生，迫使学生服从规则。

“以训练为中心”，指传统学生管理的方式是以禁止、压制、驯服为主要形式的各种训练，不鼓励学生对规范合理性进行审辨思考，不培养学生自主建构和修订规范的理性和智慧。服从命令是训练的基本要求，从进入校园的第一天开始，学生就接收到教师发布的各种命令（如“准时到校不迟到”“安静听讲不讲话”等），学生所要做的就是服从、照做。多数学生不会自动服从命令，于是，监视、训诫、惩戒、奖励、感化等多种训练形式应运而生，这些方式交织于学生管理过程之中，共同致力于革除康德所理解的“生蛮”和“野性”，把学生驯化，让他们成为被动服从预设规范的“乖孩子”和“好学生”。片面强调训练甚至驯服的弊端在于训练不能“促成学生理性的发展”，学生管理有时甚至是完全不讲道理的，以致有学者认为“对孩子们谈论义务，那是白费工夫。他们最终是把义务视为某种触犯了就要挨鞭子的东西”[2]，“一旦学生发生违规行为，无须讲多少道理，更不必要学生说出他们的理由。只要教师出于善意，按规矩办事本身，就是足够的理由”[3]。

“以教师为中心”，指在传统学生管理过程中，教师是管理者和权威，学生只是被管理和待驯化的对象。学生要服从的各种规范基本上都是由教师发布的，有时教师只是作为传声筒将学校和社会的规范传达给学生，有时教师也会出于自己的意愿发布自己喜欢的规范，如有的教师规定本班学生必须比学校规定时间提前十分钟到教室开始早自习。有些教育者会意气用事地发布一些对学生要求过于苛刻的规范，如赫尔巴特所指出的那样，他们通过这种做法对学生“发泄一点专横，从而在某种程度上补偿其从外界受到的压迫”[4]。在学生管理过程中，教师扮演着警察、

[1] ［瑞士］皮亚杰．儿童的道德判断 [M]. 傅统先，陆有铨，译．济南：山东教育出版社，1984：20.

[2] ［德］康德．康德教育哲学文集 [M]. 李秋零，译．北京：中国人民大学出版社，2016：54.

[3] 陈桂生．“学生行为管理”引论［J］．华东师范大学学报（教育科学版），2007(1):1-11.

[4] ［德］赫尔巴特．普通教育学 [M]. 李其龙，译．杭州：浙江教育出版社，2002：25.

法官等角色，他们尽可能全面而无孔不入地构织规范和训练的体系，透过教室后门的那扇窗户或者借助学生群体中的告密者监督学生，试图将学生的全部活动都纳入预设规范的范围之内。教师的权威地位如此强大，以致有些学生不在意每一条具体规范的内容是什么，而只记住了一条处世原则，那就是“听教师的话”。

在一次班主任培训中，学员高老师讲了自己管理学生的一个故事。

上完三节课以后，高老师非常疲惫。这时，宿管员从微信中发来消息，称高老师班上某寝室的学生将垃圾堆放在寝室门外并且拒不打扫。高老师火冒三丈，当即冲到班上，批评该寝室全体学生，宣布罚他们打扫三天楼道。学生当时屈服了，晚上却纷纷在班级微信群中申辩，认为教师应该先调查事情的原委而不能只听宿管员的一面之词，认为教师因值日生一人有错而迁怒于其他人的惩戒方式不合理。教师很生气，利用班会时间向学生大讲服从规则的必要性。此后，学生们都很注意维护寝室卫生，因为怕被罚打扫楼道。

在这个事例中，高老师坚定地维护寝室卫生管理规定，不给学生解释的机会，用生硬的惩罚来迫使学生服从规则，当学生提出抗议时教师的做法则是继续强调规范神圣不可侵犯，最终达成的效果是学生因为害怕惩罚而服从规范。该事例可以看作是规训式学生管理的典型。

### （二）规训式学生管理的衍生背景

规训式学生管理并非学生管理的必然样态，这种学生管理模式之所以在学校教育史上逐渐生成、持续存在、缓慢演化，显然与传统学生管理所处的学校环境和社会环境有紧密联系。

杜威等思想家分析了传统学校教育衍生规训式学生管理的必然性。杜威指出，传统学校教育将固定书本知识的识记作为目的，以致“儿童被送去接受训练的地方正是世界上最难得到经验的场所”[1]；儿童生来

[1] ［美］杜威．学校与社会·明日之学校 [M]. 赵祥麟，等，译．北京：人民教育出版社，2005：31.

就有的“要发表、要做事、要服务的天然欲望”[1]在传统学校里没有得到利用，而为了诱使儿童对学习产生兴趣，学校不得不借助学生对教师的爱戴以及竞争、奖励、畏惧等建立纪律。这种纪律注定是病态的，因为其重点“放在矫正错误行为而不是放在养成积极有用的习惯”上，“往往教师对学生的道德生活的关心所采取的形式是警惕他不遵守学校的规则和常规”[2]。中国古代学校教育也将书本知识传授作为核心，枯燥的知识背诵与学生活泼好动的天性必然形成冲突，以致我国最早的教育学论著《学记》就提出要借助“夏楚二物”以“收其威”，戒尺、教鞭成为蒙学教师不可缺少的教学工具，甲骨文中的“教”字也被解释为师长以手执鞭对待儿童。

以知识灌输为本位的学校教育是规训式学生管理的直接环境，而传统社会的经济、政治、文化条件则是传统学校教育及学生管理由以产生的根源。从经济方面看，最初的专门化教育服务于统治阶级子弟，他们无须从事生产劳动的经济地位决定了学校教育的基本目的是保存以往社会流传下来的书本知识和礼仪修养；随着工业化的推进，劳动者子弟成为学校教育对象，但参与社会生产仅要求劳动者掌握读写算的基本技能，以书本知识灌输为主的学校教育形式没有受到根本性的冲击。从政治方面看，中国古代学校教育承担着为专制统治者选拔官员的功能，学子投身学校教育的个人目标是跻身官僚系统；统治者所需要的合格官员必须首先具备效忠意识、服从意识，而规训式学生管理注重培养听话的学生，可以为他们长大后“受政治首领专断统治”[3]、成为忠顺奴仆奠定基础。从文化方面看，传统文化总体上具有以重复过去为使命的后喻文化特征，强调既有知识体系和规范体系的稳定，贬抑并反对变化；教师掌握着知

[1] ［美］杜威．学校与社会·明日之学校 [M]. 赵祥麟，等，译．北京：人民教育出版社，2005：143.

[2] ［美］杜威．学校与社会·明日之学校 [M]. 赵祥麟，等，译．北京：人民教育出版社，2005：141.

[3] ［美］杜威．学校与社会·明日之学校 [M]. 赵祥麟，等，译．北京：人民教育出版社，2005：135.

识权威，自上而下地向学生传授知识、依据规范对学生进行管束乃至打骂学生均受到后喻文化的包容和鼓励。

## 二、走向教育性学生管理：新时代学生管理的应然取向

就系统与环境的关系而言，系统论指出，系统的功能是在系统与环境的相互关系中表现出来的系统总体的行为、特性、能力和作用的总称[1]；系统生存发展必须同环境相适应，环境的变化，会导致系统的不适应，这就对系统形成演化压力[2]。在传统条件下，规训式学生管理总体上适应了当时的学校教育形态和社会环境，很少受到批判；而进入当代，中国社会迅速转型，学生管理所面临的环境已经发生改变，学生管理转型成为一个不容回避的时代课题。

### （一）学生管理转型的时代背景

首先，社会经济、政治、思想文化的迅速发展，对学校教育、学生管理提出新的要求。改革开放以来，社会主义市场经济迅速发展，现代化建设对建设者素质提出的要求越来越高，知识经济、人工智能引发的劳动力分配格局转换使“为固定的生活岗位培养儿童”成为不可能，要求未来的公民不仅适应正在发生的变化，而且有能力去形成变化，指导变化；民主法治确立了“法律面前人人平等”的政治地位，人与人相互尊重、平等协商成为社会治理的基本形式，要求未来的公民能够理性认识自我与他人的关系，以“既能领导又能服从”的方式参与公共生活[3]；自由、平等、公正、法治成为中国社会的主导价值取向，社会成员普遍向往公平合理的生活方式，成人和儿童都反感强加于自己和他人的不讲道理的约束和不尊重个性的训练。学校是由社会建立起来完成一定的特殊工作的机构[4]，社会的发展越来越不能容忍以知识灌输为取向、以安

---

[1] 颜泽贤，等．系统科学导论 [M]. 北京：人民出版社，2004：28.

[2] 苗东升．系统科学精要 [M]. 北京：中国人民大学出版社，2016：48.

[3] ［美］杜威．学校与社会·明日之学校 [M]. 赵祥麟，等，译．北京：人民教育出版社，2005：139－140.

[4] ［美］杜威．学校与社会·明日之学校 [M]. 赵祥麟，等，译．北京：人民教育出版社，2005：138.

静听讲为主要形式的学校教育，四十年来的教育改革都在持续努力将学校教育推离旧轨，转向以培养学生参与社会发展所需素养为目标的新路，促进学生成长为全面而有个性的创新型人才。

其次，当代学校教育的指导理念推陈出新，规训式学生管理的三个中心被打破。建构主义成为主导的教育教学理念，推崇建构、注重生成是当代教育的基本取向，就德育和学生管理而言，生成论思维反对将服从预设规范作为终极目标，而是要求准许学生通过活动自主探索规范，创造不同于既定规范的新标准。人本主义反对贬低儿童天赋的强制训练，主张教育要尊重儿童的天赋和兴趣，以促进而不是禁止的方式来支持儿童充满活力和创造性的成长。教育民主化、学校治理现代化成为不可逆转的浪潮，反对教师权威的无序张扬，要求保障学生权益，落实师生平等，基于对话确立公平合理的规则。值得一提的是，当代德育改革倡导德育生活化，在有道德的生活中培养良好品德，这必然要求将平等、友善、关心等落实到校园人际互动之中，以强制、监视、服从为标志的学生管理方式显然与此不符，必须从校园生活中清除。

### （二）学生管理转型的应然取向

通常，人们对学生管理功能的理解停留在维持教育教学秩序的层面，然而，作为学生与教师、学校互动的持续过程，不同类型的学生管理必然会对学生心理产生深刻影响，促使学生形成特定的品格和思维方式。面对新时代社会发展和教育转型的要求，我们有必要转换学生管理模式，使学生管理成为促进新型公民生成的有力渠道。借鉴教育性教学思想，笔者将这种新型的学生管理定义为教育性学生管理。

杜威指出，教育就是发展，教育的过程是一个不断改组、不断改造和不断转化的过程[1]，教育应该被认为是经验的继续改造[2]。据此，笔者认为，教育性即某种活动所具有的促进个体经验改组、改造的属性，

[1] ［美］杜威．民主主义与教育 [M]. 王承绪，译．北京：人民教育出版社，2001：58.
[2] ［美］杜威．经验的重构——杜威教育学与心理学 [M]. 李业富，编．上海：华东师范大学出版社，2017：55.

教育性学生管理即促进学生经验持续展开、促进学生发展的管理。与规训式学生管理相对照，教育性学生管理的基本特征是以发展为中心、以理性为中心、以学生为中心。

“以发展为中心”，指教育性学生管理将目的定位于促进学生的发展。发展意味着学生对事件的相互联系、个体与环境的互动具有洞察力，能够理智地选择活动的目的和策略，使活动既能满足个体进一步发展的需要，又有助于个体所承担的社会责任的达成，最终这个人“能够通过在人生一切职务中和别人的交往，使自己充分地、适当地成为他所能形成的人”[1]。以发展为中心不反对遵守必要规范、创建校园秩序的必要性，但是强调，规范、秩序都是促进学生发展的手段，合理的规范是保障个体开展明智的活动所需的条件，而不是“为了现行的学校工作方式可以进行而不得不制定出来的”[2]，恰当的秩序是学校成员依据各自需要开展明智而有目的的活动所达成的有序状态。简言之，教育性学生管理从促进学生发展的角度思考“需要怎样的学校秩序”及“如何达成这种秩序”等问题，反对仅仅因为历来如此而固守既定的规范。

“以理性为中心”，指教育性学生管理将理性引导作为学生管理的基本方式，支持学生独立思考、自主抉择和自律行动。教育性学生管理鼓励学生根据具体情境和特殊需要来推理，选择最佳的行动方案来行动。在教育性学生管理中，教育者会将灌输限制在最小范围内，使规则尽可能来自学生的独立思考，使规则成为学生建构的成果；当放任学生尝试错误太过危险（如危及自己和他人的健康、安全）时，教育者会引入预设的规则，同时借助他人生活经验、讲道理帮助学生理解规则的合理性。依据道德认知发展规律及其他心理学理论，我们知道，采用奖励、惩罚、榜样示范和情感陶冶均能很好地建立校园秩序，教育性学生管理会将这些方法作为理性引导的辅助手段，但不会脱离理性引导，孤立地使用这

[1] [美]杜威. 民主主义与教育[M]. 王承绪，译. 北京：人民教育出版社，2001：376.

[2] [美]杜威. 学校与社会·明日之学校[M]. 赵祥麟，等，译. 北京：人民教育出版社，2005：141－142.

些方法。

“以学生为中心”，指在教育性学生管理过程中，学生是发展的主体，教师依据学生发展的需要做好促进者和辅导者。学生是学生管理的起点，每个学生都是有丰富需要的人，在特定时间做什么事、如何做事引发了自我管理的需要；一群学生相聚在学校，他们之间发生着丰富的相互影响，如何使这些相互影响促进每个人的发展，加重了学生管理的必要性。学生是规则的制定者和执行者，基于实践经验、平等协商，学生能够制定出维持基本秩序的规则以及确保规则运行的适当程序。教师仍然拥有专业权威，但其权威的运用仅限于引导学生学会思考、学会协商，教师权威的终极目的是促进学生理性发展，使学生成长为能够自己管理自己的人。

当前，学生管理转型已经悄然启动。围绕前文高老师所讲的故事，笔者在培训过程中临时发起了一次现场讨论。结果，一半以上的教师反对高老师的做法，有些教师模棱两可地表示“理解但不认同这种做法”。教师们普遍认为，在收到宿管员信息后，高老师应该进行细致调查，了解事情真相，听一听学生的想法；高老师班上应该事先制定关于寝室卫生的管理规定，根据规定决定惩戒方式，而不是由班主任随意处罚学生；班会课应该开展师生平等对话，而不是班主任“一言堂”……从这场随机生成的讨论不难看出，教师们的学生管理观念正在发生变化，越来越注重学生的理性发展，不再将服从规范作为学生管理的出发点。无独有偶，在若干场面向教师开展的培训中，当笔者向教师们提出“作为家长，你希望你的孩子很听话吗”这一问题时，多数发言人表示“希望孩子有主见”而“不希望孩子太听话”。从这种表达可以看出，民众的心态正在发生变化，他们不再欣赏“听话”的“乖孩子”，而是期待培养出一种新型的好孩子、好学生，一代学会思考、学会协商、学会选择的新型公民。

## 三、教育性学生管理的实施要点

作为系统演化的一种特殊形式，转型意味着“系统从一种结构转变为另一种性质不同的结构，属于革命式的转折，每一次都需要跨越不小的势垒”[1]。教育性学生管理的实现，注定是一个漫长的过程，而如果我们采取适当的策略，就可以降低转型成本，加快转型过程，彰显转型效能。

### （一）正视转型难度，基于对规训式学生管理传统的反思破旧立新

当前，民主、平等理念已经深入人心，各地学校纷纷开展民主管理、学生自主管理探索。循其名而责其实，笔者认为，很多学校的学生自主自治并不真实：有的是由学生会、班干部依据学校既定的规则来严格管理同学，有的是通过“人人有事管，事事有人管”来让全班同学各司其职地维护既定规则，有的是推行以小组为单位的捆绑式量化考核，用组间竞争、小组荣誉制造的压力来迫使学生服从规则。在这些学校，预设的规则仍然是学生管理的中心，片面强调管理者和规则的权威、重视他律、忽视学生自主参与等惯习仍然畅行无阻。如果我们将这些做法看作真正意义上的学生自主自治，就是低估了学生管理转型的难度，不利于教育性学生管理的落实。

笔者将学生是否拥有自主立约的权利看作教育性学生管理的试金石。如果学生确实获得了自主制定行为规则、基于实践探索逐步修订规则的机会，学生管理才真正做到了以促进学生理性发展为中心，才是真正意义上的自己管理自己。关于这一点，要做两点说明。首先，自主立约不是每个学生各自为政，而是学生团体的权利，要求学生与学生之间、学生与教师之间建立“用平等与互相尊重界说的协作关系”[2]。同学们基于同伴协商所确立的行动规则既能尊重每个人的个性，又能确保每个人的权益不受侵犯；学生自主立约还要与学校教育目的、教师权益和责任相平衡，师生之间的平等协商既能确保校园安全和班级秩序的底线，

[1] 苗东升 . 系统科学精要 [M]. 北京：中国人民大学出版社 ,2016：49.

[2] [ 瑞士 ] 皮亚杰 . 儿童的道德判断 [M]. 傅统先 , 陆有铨 , 译 . 济南：山东教育出版社 ,1984：479.

又能给学生提供自主建构的机会。其次，自主立约鼓励尝试，允许修订，反对僵化的规则。假如赋予学生自主制定规则的权利，我们不难想象，校园中关于着装、发型、坐姿等方面的很多规定都可能被打破，校园不可能像以往一样整齐划一、秩序井然；笔者认为，这种略显杂乱的状况恰恰体现了成长的魅力，学校应保障学生在尝试中成长的机会，如无必要不加禁止；学校应指导学生确立修订规则的程序，及时通过班会、学生代表大会、教师家长学生联席会研讨校园事务，完善规则。

### （二）统筹转型过程，让学生管理转型与学校治理现代化、教学转型齐头并进

教育性学生管理是学校治理现代化的必要组成部分，推进学校治理现代化为落实教育性学生管理创造了适宜的语境。当代治理理念倡导赋权和参与，主张扩大学校办学自主权、保障教师专业自主权，而在学生管理中倡导师生平等对话、向学生赋权，也是学校治理现代化问题中的应有之义。有学者指出："我国各级各类学校在走向现代治理的过程中，最需要重视和培养的一种能力就是广大教师和学生作为学校最重要的主体参与学校治理的能力。在这一过程中，培养和形成学生参与学校治理的品质与能力决不可忽视。这是推进学校治理能力现代化的重要元素，也是实现学校现代化发展的重要目标。"[1]当代欧美学校的普遍做法是让学生参与学校管理，听取学生关于校园事务及校园规章的意见，这些做法值得我国借鉴，从而将建立师生协作关系、开展相关主体平等协商落到实处。

尤其值得重视的是，在学校教育转型过程中，学生管理转型和教学转型有机混融于一体，不能彼此割裂。以灌输书本知识为中心的传统教学必然要求助于蛮不讲理的规训式学生管理，而如杜威学校所呈现的那样，在紧密联系学生生活经验、彰显教学的教育性和个体发展功能的教

[1] 张乐天．推进学校治理能力现代化：意义重心与路径［J］．复旦教育论坛，2014(6):5–9.

学中，教育者不必强迫学生，学生自然能生成活泼有序的新型纪律[1]。笔者认为，教育性学生管理与教育性教学可以相互支撑，相互促进，如果教学紧密联系生活实际，通过问题中心教学、项目学习等调动学生兴趣，就能为学生管理松绑，为学生管理转型开辟空间；而师生平等协商、学生自主管理自己和校园，又能推动教学创新，使学校成为师生共同成长的乐园。

### （三）拓展转型思路，跳出“严管”与“不管”的非此即彼创新工作方式

从以教师为中心转到以学生为中心，教师不再是校园生活中高高在上、权杖在手、全副武装的立法者、法官和警察，那么，教师是不是对学生放任不管呢？显然不是。

杜威指出，在进步学校中，教师不应滥用职权、强迫学生按照他所指出的路径活动，但作为更有能力、更富经验的社会成员，他们将作为工作同伴和游戏同伴而出现，指导学生，以促进学生发展[2]。教育性学生管理确认学生是发展的主体，而教师是学生发展的促进者，教师的指导将更多地通过环境创设、活动支持来实现。一是为每个学生提供安全、欣赏的环境，准备具有吸引力的学习资料，创设能够调动学生主动参与的学习活动，让学生追求真善美的高层级需要得到展现，自主地开启追梦之旅。二是以成长伙伴和乐队首席的身份与学生对话，分享本人成长经验，借助文学作品、角色扮演，帮助学生理解人生和社会，学会自主制定成长规则。三是针对学生意志力薄弱等特点，提供必要的鼓励、督促和辅导，帮助学生抵制诱惑，坚定地追求自主设定的成长目标。同时，对无法让学生冒险探索的领域，教师要在晓之以理的基础上加以必要的限制。

[1] [美]杜威．学校与社会·明日之学校[M]．赵祥麟，等，译．北京：人民教育出版社，2005：31.
[2] [美]杜威．经验的重构——杜威教育学与心理学[M]．李业富，编．上海：华东师范大学出版社，2017：9-37.

# 第二章
# 学生管理转型的国际视野

学生管理直接关系到亿万中小学生的学校生活品质，关系到学生身心能否健康成长，这决定了学生管理改革既刻不容缓，又必须稳妥谨慎，大胆假设，小心求证。在提出教育性学生管理的基本主张之后，我们需要考虑如何在学校工作中具体落实这些理念，这意味着大量的开创性工作，要求我们走出学生管理的舒适地带，打破由来已久的工作习惯，启用新型工作方式，建立不同于以往的责权利分配和师生关系、生生关系格局。

他山之石，可以攻玉，在学生管理转型方面，欧美发达国家已经积累了比较丰富的经验，这些国家的教育政策、学术论著和具体做法可以给我们提供借鉴。我们有必要学习发达国家的经验，从国际比较中寻找智慧。本章，笔者对美国、英国学生管理的最新进展进行梳理，以期深化对“新时代，我们需要怎样的学生管理”这一问题的认识。

# 第一节 回归育人本位：美国学生管理研究最新进展及其启示

为了确保学校环境安全有序，美国联邦政府及各州、学区强调学校、教师可以对学生的不当行为进行适当惩戒，其中包括禁止学生到校上学的停学处分及各地大同小异的零容忍政策。美国学校和教师拥有法律赋予的教育惩戒权，这一点令我国很多学者和教师羡慕不已；然而，近年来，美国研究者却对很多学校滥用惩戒的情况深表担忧，认为过度或不公正的惩戒可能给学生成长带来深远的不良影响，限制教育惩戒在学生管理中的使用越来越成为研究者和实践者的共识。2014年6月，服务于联邦和各州立法、司法、行政的美国州政府委员会司法研究中心发布了《学校惩戒共识报告》（下文简称《报告》），该《报告》是美国教育部和司法部支持性学校纪律项目的成果，它前所未有地汇聚了教育、健康、社会工作、司法等领域七百余名专业人士的智慧，概括了实践领域的各种创新性策略，其重心是促使学生管理从过分依赖惩戒转向对学生来说更具支持性的做法，尽最大可能让学生留在学校、远离青少年司法系统。通过与EBSCO数据库大量学生管理文献的比对，笔者认为，这份长达462页的报告有助于我们把握美国学生惩戒理论和实践领域的最新进展，可以为我国加强和改善学生管理提供借鉴。

## 一、惩戒失当：《学校惩戒共识报告》的研究背景

学生惩戒数据和相关研究显示，在K–12教育系统中，全美每年有百万学生曾经被赶出教室，部分学生被开除，极少数被逮捕。这一状况引起了学生、家长、社会公益组织、研究者和专业机构的持续关注，一些学校过分依赖惩戒的做法受到批评，有论者甚至主张全面废止“零容

忍”政策[1]，在此背景下，学区以及州和联邦政府高度重视，积极开展相关研究。

得克萨斯州 2012 年发布的《打破学校规则》研究报告用详细数据揭示了学生惩戒问题的严峻程度，促成了支持性学校纪律项目的立项。结合得州报告及相关文献，我们可以将《报告》及支持性学校纪律项目的研究背景概括为如下三点[2]。

### （一）美国各地存在过分依赖和滥用停学处分的情况

全美各州学校惩戒数据的公开程度不同，得州的研究提供了一个例证。得州研究团队并没有进行少量抽样，而是开展覆盖全州的长期研究，全面分析该州 2000 年至 2002 年开始读七年级的所有公立学校学生在初中、高中期间的校园惩戒记录，研究结论具有很强的说服力。该报告发现，60% 的学生曾经在七至十二年级期间受到过停学处分，具体来说，54% 的学生接受过校内停学，时间跨度从一节课到几个学日不等；31% 的学生接受过校外停学，平均每次 2 天；15% 的学生曾被派往校外替代性教育项目，平均每次 27 天；8% 的学生曾被派往青少年司法替代性教育项目，平均每次 73 天。除了 3% 的停学和开除是由司法系统批准的之外，其他全部是由学校教工决定并实施的，起因是学生违反了学生行为规范。

### （二）学校惩戒可能存在歧视或有失公正

得州报告显示，非裔学生和有特定障碍的学生更容易因为纪律原因被赶出教室。非裔男生的 83% 和非裔女生的 70% 至少受到过一次惩戒处分，白人男生和白人女生的这一比例只有 59% 和 37%。仅从种族角度分析，非裔学生受到惩戒的比例比其他种族学生高 31%。随班就读的特殊教育学生受到惩戒的比例也偏高，75% 的特殊教育学生至少受过一次

[1] Kavitha Mediratta.Schools Must Abandon Zero-Tolerance Discipline[J]. Education Week, 2014(7).

[2] Tony Fabelo. Breaking Schools' Rules: a statewide study of how school discipline relates to students' success and juvenile justice involvement [EB/OL].2014-08-25 [2015-08-22].www.justicecenter.csg.org.

停学或开除处分，那些有情绪障碍的学生更易于被处分。

得州的这种状况并非特例。明尼苏达州教育部网站显示，在该州2012—2013学年的K-12教育系统中，黑人学生占学生总数的9.4%，黑人学生所受惩戒在全部惩戒事件中所占比例是39.3%；白人学生占学生总数的72%，白人学生所受惩戒在全部惩戒事件中所占比例是38.3%[1]。

### （三）停学等处分可能给学生成长带来深远的不良影响

依据各州的相关规定，那些被停学或者开除的学生要在校外接受替代性教育服务，完成与其年级相应的课程学习，然而，从各州情况来看，替代性教育服务的质量还不高。相比其他学生，那些被停学或者开除的学生面临更大的留级或辍学威胁。得州报告显示，被停学或者开除过的学生中的31%至少留级一次，10%会辍学；受惩戒次数超过10次的学生有59%没有获得高中毕业证。

对比青少年犯罪记录及其学校惩戒记录，得州研究团队发现，接受停学或开除处分的学生涉足青少年司法事件的可能性增大了很多。接近15%的学生在七至十二年级之间曾经涉及青少年司法事件，其中，那些受惩戒次数超过10次的学生有一半曾涉案，而没有惩戒记录的学生仅有2%曾涉案；在被停学或开除后的一年内，学生涉案的可能性增加了三倍。

值得一提的是，在各方面条件大致相当的情况下，学校完全有可能减少惩戒的使用。得州研究表明，生源结构和校园特征相似的学校实施停学或开除的次数有很大差别，有一半学校接近平均值，22.5%的学校显著高于平均值，27.2%的学校显著低于平均值。依据此类研究结果，越来越多的社会团体呼吁改进学生管理，减少惩戒数量，从而提高毕业率、改善学业成就，避免过重、失当处分对学生、家庭、社区、司法系统的长期影响。

[1] DOE OF Minnesota. Data Report and Analytics[EB/OL].2014-08-25［2015-08-22］.http://w20.education.state.mn.us/MDEAnalytics/Data.jsp.

## 二、育人为本：《学校惩戒共识报告》的核心主张

《报告》的主旨是促使学校、社区、警务和司法系统告别学生管理和惩戒的传统做法，实施更具支持性的学生管理。在承认学校和相关部门有权对严重违规学生实施停学、开除或者逮捕、上诉至司法系统的前提下，《报告》体现了育人为本、引导为主、惩戒为辅的学生管理思路，更多地考虑如何通过引导和支持来调动学生自律、改善学生行为，尽量避免通过惩戒尤其是过度惩戒来减少学生的违规行为。《报告》从学习环境创设、校内外行为干预、警校协作、法院和司法系统作用等四个方面阐述了相应的政策建议，概括了各地出现的有效做法。

### （一）采取多种方式创设有助于学习的环境

学校和教室的学习环境如果能够让学生感觉到安全、有意义、相互支持、有归属感，就会减少学生违规，促进学业成功和社会性发展，提高教育者管理学生行为的能力。不幸的是，积极学习环境的创建经常会被更看重考试成绩和毕业率的教师与管理者抛到脑后。在学校领导者对学习环境不够重视的地方，学生管理经常严重地依赖于把违纪学生赶出学校。《报告》在这一部分着墨最多，提出了如下建议。

其一，测量学习环境，明确学习环境的薄弱之处，形成关于学习环境应然状态的共同愿景。学校领导者、教师应该与学生、家长，以及行为健康、儿童福利、司法等专业人员及其他社区成员开展协作，共同评价和改善学习环境。具体来说，要收集相关人士的观点，整理学校惩戒数据，正式评价学习环境，每年在校内公开发布评价报告；和相关团体的代表一起审视数据，判断趋势，确定哪些领域需要改善；请相关人士参与，必要时请校外专家参与，讨论数据中呈现的一些较为突出的问题及背后隐藏的问题。

其二，制定学习环境改进计划，明确相应策略，尽可能采用停学和开除的替代手段来管理学生。师生关系应该建立在尊重和信任的基础之上，学校行为标准要由师生共同开发、达成共识；教师要示范相应行为，

向学生清晰地传达期望，持续地维护行为标准，公平地对待每一个学生；依托情感－社会性教学来教导良好行为，此类教学应该以学生为中心，适合学生水平，基于真实问题情境；提供常规机会，让家庭和社区成员参与学校决策；重视改善学校物质条件和安全措施，确保校园安全、有序并支持每一位师生。

其三，学区行为守则要清晰恰当，设计多层级惩戒系统，以减少停学次数。要详细审阅州法律，在必要情况下进行修订，为学校和学区开发有效的行为守则提供法律依据；常规性地让学生、家长、教育者和相关人士一起讨论和改进守则，清楚地表达对学生和成人的期望；让所有相关人士和学生参与，确保行为准则得到有效实施；设计应对学生不当行为的进阶式惩戒系统，尽可能将学生留在学校里，同时鼓励学生为自己的行为承担责任；开辟适当的校内空间，让接受惩戒的学生在这里继续得到教学指导和社会性、情感、行为方面的支持；给那些从学校中移出的学生及其监护人提供清晰的指导以及相应的教育服务。

其四，学校管理者和教师要接受必要培训，获得支持和反馈，努力为所有学生创造有效的学习环境。职前教师培训项目应将学习环境创设作为课程的有机部分，在职教师要获得相应的专业发展机会和持续支持，不断提高教师优化师生关系、表达行为期望、减少冲突、实施建设性的干预、创造支持性的学习环境等能力。校长评价和教师评价也应加强这一方面的指标，促使校长、教师努力创造支持性的学校氛围，更好地实施学生管理[1]。

### （二）调动校内外资源实施有针对性的行为干预

一些学生反复违规并不是因为故意，而是因为残疾或者因为某种内在需要没有得到满足。在美国，很多儿童经历过失去父母等人生打击或者处于暴力威胁之下，另外，10% 的儿童有某种精神疾病，影响其学校

[1] Morgan E, Salomon N,Plotkin M,Cohen R.The School Discipline Consensus Report: Strategies from the field to keep students engaged in school and out of the juvenile justice system［M］. New York: the Governments Justice Center, 2014：23–29.

适应。学校必须了解并郑重对待这些儿童，不应简单地实施处分。

其一，要开发学生管理早期预警系统，了解学生的特殊需要。学区领导者、学校管理者和教育者应该收集相应数据，依据数据来识别那些有特定需要的学生，调配资源进行干预。应该开发早期预警体系，以此为工具来界定那些需要特定学业及行为支持的学生，根据学生个人特征确定干预方式。在班级、学校、学区和州层面的决策过程中，管理者要重视早期预警系统提供的数据。

其二，分析学校和社区提供干预和支持的能力，因地制宜地实施干预。学校、学区、社区满足学生特定需要的能力要得到充分的评估，因为即使是最发达的学区，也无法充分满足每个学生的特殊需要。要整理、分析、测量学校内部和外部可供使用的师资力量、专业人士及资源，清楚学校和社区在实施干预方面的能力边界。

学校内部要组建一个多领域学生支持团队，满足这些学生的需要。学生支持团队的组建要符合学校实情，明确该团队的服务对象和启用程序；要清楚地界定团队成员的角色和责任，以确保学生的需要得到充分的认识和适宜的关注；通过创建跟踪学生学业和行为改善的电子平台、持续监督学生的进步、测量干预策略的有效性等，给团队提供必要的资源和支持。

学校和学区还要广泛借助外部力量，建立关怀网络，提供综合性、多角度的干预。要发展与各类专业服务提供者的伙伴协作，在校园内外给学生提供行为健康等相关服务。要多渠道筹措经费，整合资源，尽最大可能丰富学生所能获得的支持和服务。

其三，对接受惩戒的学生进行干预，提供支持。州和学区要努力确保那些因为纪律原因被移出校园的学生有机会接受高质量的替代性教育服务，综合运用多种方式来满足学生的学业、行为健康及相关需要，保持学习的连续性，提供情感和行为支持，还要在惩戒结束后帮助这些学生顺利返回常规学校环境[1]。

### （三）优化学校与警务系统的伙伴协作

出于确保校园安全的目的，美国学校与警务系统的联系日益紧密。很多州在公立中小学配备了校园警察，笔者所走访的纽约市中小学校均有校警，校警是警察局的正规雇员，其基本职责是负责校园入口处的安检和教学楼巡查。在一些学校，学校管理者要求校警参与处理违纪学生，有时甚至由校警来主持处理学生违纪事件。这种状况要求慎重定位警校合作方式，明确校警职责。

其一，学区和学校应依据校情选择适宜的警校合作方式。学区领导、学校成员、地方警务系统要反思学区目前采用的协作模式，基于数据评估设置校园警察对于确保学校安全、优化学习环境、减少学生犯罪的意义，确定警校合作方式。

其二，要清晰界定校警角色，减少校警对学生微小违纪事件的参与。学生的微小违纪应该由学校的惩戒系统来处理，仅在严重违规发生时，校警才介入并实施逮捕，以保护受害者并且保障校园安全。学校要清晰界定警察介入学生管理的事件范围，减少校园内的逮捕事件。要对教师、管理者、校警开展相应培训，使其明确校警直接介入学生违规的范围，掌握替代逮捕的应对方式。要收集和分析校园逮捕和上诉数据，督促学校管理者和校警贯彻执行以上政策。

其三，对校警进行适当的挑选、培训、支持和监督。警务系统和教育系统要共同对校警进行挑选和培训。校警的职责是确保校园安全，促进支持性的学习环境，帮助减少青少年参与犯罪。校警应该了解学校教育政策，学习如何在校园内和学生相处。要对校警工作进行监督和评价，督促其进步。

其四，以书面形式明确警校合作要点，适时进行修订。要清楚校警

[1] Morgan E Salomon N,Plotkin M, Cohen R. The School Discipline Consensus Report: Strategies from the field to keep students engaged in school and out of the juvenile justice system［M］. New York: the Governments Justice Center, 2014：109–118.

和其他服务于学校的警务人员所面对的法律问题，写明其职责和权限。明确学校与警务系统信息共享原则，使信息共享既有助于保障校园安全、改善给学生提供的服务和支持，又不会侮辱学生人格及侵犯学生隐私[1]。

### （四）法院和司法系统应发挥适当作用

在全美范围内，青少年犯罪在减少，但与此同时，很多学生因为微小过失被上诉到法庭。青少年被上诉，可能会增加学业失败、辍学、参与犯罪的风险，同时，青少年司法系统也希望学校能够改变学生管理方式，减少上诉，使司法系统能够集中处理更严重的事件。针对这种情况，《报告》提出了如下建议。

其一，对学生被起诉案件进行常规监督，制定政策以减少此类起诉。要跟踪研究起因于学校的青少年司法事件，分析校方的起诉理由。有些学校经常将轻微违规的学生上诉至法庭，对于这些学校，要提供帮助，并开发相应政策尽可能减少此类上诉。

其二，在适宜范围内，尽可能解除学生所受的逮捕或者罚款制裁。要依据学校保存的数据，释放因为轻微违规而被逮捕的学生。要使用风险监控工具和需要测量工具，使法庭的决策有据可依。要完善基于社区的处理方式和服务项目，满足当事学生的需要，避免对司法监控的依赖。

其三，办好司法纠正系统中的学校，保障学生的受教育权益。要将作为司法纠正系统组成部分的学校整合到州教育系统之中，鼓励学校聘用有资质的教育者，提供有吸引力的学习环境，满足学生的教育需求。此类学校与普通学校之间要有顺畅的信息沟通；学生要有机会获得学业成功所需要的支持和服务；要制定对于此类学校的评价标准，通过常规性的监督和评价来确保教育质量。

其四，要保障离开纠正项目的年轻人能顺利地重新在社区学校入学。政府、学区要制定政策，确定离开纠正项目的学生应该在哪所学校注册

---

[1] Morgan E, Salomon N,Plotkin M, Cohen R.The School Discipline Consensus Report: Strategies from the field to keep students engaged in school and out of the juvenile justice system［M］. New York: the Governments Justice Center, 2014：183−196.

入学。学校要任命转学协调员，负责联络教师、服务提供者、青少年法庭、家庭，确保学生在离开纠正项目后能尽可能快地重返学校，获得学业和行为指导[1]。

## 三、《学校惩戒共识报告》对我国加强和改进学生管理的启示

《报告》视野宽广，内容厚重，案例翔实，富于前瞻性和操作性，是学生管理领域不可多得的研究范本。笔者认为，《报告》对我国在新形势下加强和改进学生管理具有重大启示意义。

首先，要确立以引导为主、惩戒为辅的学生管理立场，建立多层级的惩戒体系，同时在制度层面防止惩戒权的滥用。

在以人为本观点影响下，很多人更关注如何保护中小学生，近乎本能地反感学生管理。然而，“没有规矩，不成方圆”，要提供优质教育，提高全民族素质，学校必须维持必要的秩序，不能对学生的各种违规行为视而不见、姑息纵容，不能放任个别学生的违纪行为侵害全体学生的受教育权益。由此，我们不难理解学生管理与学校教育的关系：教书育人是根本，学生管理既是学校育人工作的有机组成部分，又能为学校其他工作保驾护航，因而是促进学生成长的必要举措。

《报告》认为，惩戒可能会给学生带来学业和社会性成长方面的长远阻碍，必须慎重使用；学生管理应该加强积极的预防和引导，通过开设情感-社会性课程、开展服务学习、优化师生关系、推行导师制等促进学生自律，减少违纪行为。这一引导为主、惩戒为辅的立场，值得我国借鉴。

另一方面，惩戒权缺位，是我国教育法制建设不得不重视的问题。《报告》反复强调，在学生严重违规和可能危及校园安全的情况下，停

[1] Morgan E, Salomon N,Plotkin M, Cohen R.The School Discipline Consensus Report: Strategies from the field to keep students engaged in school and out of the juvenile justice system［M］. New York: the Governments Justice Center, 2014:269−278.

学、开除、逮捕、上诉等处理方式是必要的。针对学生的各类违纪行为，我国教育法规应该确定程度适宜的多层级应对和惩戒方式，对于各种惩戒的实施主体和操作程序进行明文授权和详细界定，恰当平衡惩戒权与学生权益，以期较好地解决一些学校的纪律松弛问题。

其二，多方联动，打通壁垒，建立学生管理共同体。

《报告》将影响青少年健康成长的各种因素和部门有机串联起来：在研究背景部分，分析了学校惩戒经历和学业失败及未来参与犯罪的关系，提醒人们注意过度惩戒的长远影响；在学习环境创设部分，分析了教学方式、课程内容对学生的影响，探讨了学生管理与教师专业发展的关系；在行为干预、警校合作、司法系统作用等部分，分析了学校孤立开展学生管理的有限性，倡导学校与社区机构、警务和司法部门建立协作关系。

相比之下，我国学生管理领域存在着如下壁垒：很多学校仅关注学生在本校就读期间的表现，却不关心过重的课业负担和过分严苛的学生管理对学生终身发展会带来怎样的影响；学生管理成为德育处、班主任和辅导员的责任，任课教师很少反思自己的教学行为是否得当，是否诱发了学生的违纪行为；学校成为学生管理的唯一责任主体，家庭、社区机构、媒体不仅不承担相应责任，而且对学校恶语相加。

在此背景下，组建学生管理共同体的意义不言自明。政府有必要从政策修订入手启动破冰工作，学校、社区组织要立足一线实情，开展相应工作，以期逐步打破壁垒，为青少年成长提供更全面而切实的支持。

其三，重视数据的持续收集和使用，做好大数据时代的学生管理。

大数据时代已经到来，《报告》反复强调数据的作用，主张持续测量学习环境，统计学校惩戒情况，测算学校内部和外部可以用于学生干预的力量，跟踪学生被上诉事件的处理结果，评估学生管理和服务的有效性等。

大数据时代的重要特征是凡事要以数据（或事实）为依据，相比之下，我国学生管理的数据意识亟须加强：在学校层面，绝大多数学校不能提供学生问题行为和惩戒的统计数据，在调研中，教师们只能使用“存在这些情况”“有过这种做法”之类的表达方式，这就给学生管理的精准研究带来了无法解决的困难；另一方面，因为没有数据支撑，所以，学校在汇报学生管理创新成果时，只能使用“校园面貌越来越好”“违规行为减少了很多”等笼统说法，很难有力地证明相关做法的有效性。

借鉴全国中小学生学籍管理信息系统的建设经验，教育行政部门和科研机构应该加强学生管理信息系统的研发和推广：分年段设计适宜的信息系统，方便教师、学校管理者随时记录学生管理的重要信息，为加强和改进学生管理提供坚实的数据基础。同时，教育行政部门要规范和限制学生管理信息的使用，尽可能将该信息与学校评价、教师评价、学生升学等脱钩，以确保信息记录的完整性和真实性；明确界定学生管理信息的分享范围，防止关键信息被误用或危及学生隐私。

## 第二节　英国学生管理的实施要点

如果说美国学生管理研究偏重以引导手段来取代不必要的惩戒的话，那么，英国教育部则以政策文本形式明确阐述教育惩戒的适宜程序，更为清晰地建构了引导与惩戒相结合的学生管理体系。2014 年 2 月，英国教育部在综合《教育法》《教育与督学法》等法案相关内容的基础上，以《学校中的行为与纪律》为题，给校长和教师提出了管理和惩戒学生的官方建议；2016 年，教育部对这一文件进行了少量更新。笔者认为，这一文件对于我国加强和改进中小学生管理有较大的启示借鉴意义。

### 一、《学校中的行为与纪律》概述

自 1996 年《教育法》强调学校对违纪学生的惩戒权以来的近二十

年间，英国教育部保持了对义务教育阶段学生管理问题的持续重视，历年《教育法》修订都涉及学生管理问题，2006 年《教育与督学法》更是用三十余页的篇幅对学生惩戒程序进行了规定。然而，客观来说，学生管理规定太过繁杂，普通校长和教职人员很难全面掌握，因而，教育部在制定法案的同时注意发布相关文件，综合各项法案内容，给相关人员提出一般性的操作建议。《学校中的行为与纪律》就是给校长和教师提出的关于学生管理的概括性建议。

笔者拟从明确赋予惩戒权、确立学生管理原则、平衡惩戒权与学生权益关系等方面对该文件内容进行呈现。

### （一）明确赋予校长和教师惩戒权，以维护学校秩序、保障教育质量

为了给全体学生提供安全和有序的教育环境，保障学校教育教学秩序，学校应该拥有对于学生言行的管理和惩戒权力。《学校中的行为与纪律》开宗明义地指出了这一点，强调本文件的出发点是给校长和教师提供建议来开发本校的行为准则，解释教师拥有的对学生进行纪律管理的权力；本文件的目的是提供一个关于教师权力和责任的概要，它有助于学校开发自己的最好做法来管理学生行为；文件要点指出，教师有权力对学生在校内的不当行为进行纪律管理，在特定情况下也可以对学生在校外的不当行为进行管理，并且，惩戒权也适用于学校聘请的其他人员，如助教[1]。

### （二）将制定行为准则界定为校长及学校管理者的法定责任，行为准则必须合法、公开、持续执行

文件指出，校长及学校管理者要确保学校里有一个强有力的行为准

[1] Department for Education. Behaviour and discipline in schools: Advice for headteachers and school staff［OL］.2014–03–17[2014–06–10]. https://www.gov.uk/government/uploads/system/uploads/attachment_data/file/277894/Behaviour_and_Discipline_in_Schools_–a_guide_for_headteachers_and_school_staff.pdf.

则来支持教师进行行为管理。

校长制定本校的行为准则是有明文法律规定的。2006年《教育与督学法》规定，公立学校校长必须出台学校的行为准则，以促进校园内的良好行为、自律和相互尊重，防止欺凌事件，确保学生完成规定作业，有力地规范学生行为。

校长在制定本校行为准则时必须参考政府所提出的行为准则，尤其要参照政府关于监控和搜查学生、合理武力和其他身体接触的使用、校门外的管理权力、对于被控处分不当的教师的后续关怀等内容的规定。

行为准则应该是完整的，不仅要包括期望本校学生行为达到的标准，还要包括违反规则应受到怎样的纪律处分的规定。学校和教师的惩戒权在这里得到突出强调，文件规定，即使当学生不在学校或者处在其他教职员工的管理下时，教师仍有对学生实施合理纪律处分的权力。当学生被发现对教师进行恶意控告时，学校应对该生采取相应纪律处分。

行为准则应该公开发布，告知学生和家长。文件规定，校长必须公开发布本校的行为准则，每年至少一次以书面形式通知教师、家长和学生。如果学校有自己的网站，行为准则必须发布在网站上。如果学校没有自己的网站，则必须将行为准则发布在其他的网站上，将网址告知家长和学生。多数学校要求家长签署家校协议书，对于学生的行为要求必须包含在家校协议书中，家长必须签字以示同意。

行为准则要清晰易懂、持之以恒。行为准则应该可以被教师、家长和学生清楚理解，而且要持续地实行。文件强调，坚定的学校领导和对于行为管理的持续努力是实施学生管理、促进学生良好行为首先要考虑的两个方面[1]。

---

[1] Department for Education. Behaviour and discipline in schools: Advice for headteachers and school staff［OL］. 2014-03-17[2014-06-10]. https://www.gov.uk/government/uploads/system/uploads/attachment_data/file/277894/Behaviour_and_Discipline_in_Schools_-a_guide_for_headteachers_and_school_staff.pdf.

### （三）清晰界定教师惩戒权，教师对学生实施惩戒要依法而动、程度适宜

依据2006年《教育与督学法》的相关规定，当学生的行为不符合要求、违反校规或者不能遵从合理的教导时，教师有法定权威去管理学生。并且，教师的惩戒权可以延伸到校外（空间）和放学之后（时间）。本文件用接近一半的篇幅详细解读教师的惩戒权，强调惩戒权运用的注意事项。

其一，学生管理应该与教育、引导相结合，以正面引导为主。学校应该通过较高期望、明晰准则以及重视纪律，倡导学生之间、师生之间相互尊重来鼓励良好行为。学校应该有一系列的措施和奖励来强化和表扬良好行为，对于不能达到学校行为准则的学生有精确的处分。奖励和处分要依据学生的年龄以及影响学生的其他特殊因素而有一个调整范围。

其二，教师应该依法实施惩戒权。实施惩戒的教职员工应该是学校的合法雇员，并且在实施部分较严厉处分时应该得到校长授权，因为校长可能会将实施部分惩罚的权力限定到少数几个教员；处分决定以及处分必须在学校建设物内或者当学生处于教师管理之下时做出或实施；处分不能触犯各种其他法律（如对于特殊教育需要、残疾、种族以及其他平等和人权的尊重）；在任何场合下，体罚都是违法的。

其三，惩戒应该程度适宜。惩戒必须考虑学生的年龄，学生的各种特殊教育需要或残疾，以及其他影响他们的宗教要求。有时，学生的持续不当行为是由于一些教育需要或者其他需要没有得到满足所致，学校应该考虑对学生状况进行多维的分析，而不应简单地实施处分。

其四，文件还界定了纪律处分的各种可能形式。当学生的不当行为被确认后，学校应该依据行为准则实施合理而公平的处分。文件规定，学校所规定的处分措施可以包括口头训斥、额外工作或者重做作业直到教师满意为止、罚写特定作业（如写一篇日记）、权利的丧失（如失去一个被珍视的责任或者不能参加学校的自由着装日）、失去休息时间、

扣留、学校中的社区服务（如捡垃圾，拖地，清洁教室，在就餐结束后帮助收拾餐厅，擦除涂鸦）、定期汇报行为表现、签订行为协议、额外的体育活动（如在操场上跑几圈）。在更极端的情况下，学校可以对学生处以短期或长期的停学。处分措施要让教师、学生、家长清楚地知道[1]。

（四）具体阐释各种处分的实施要点，提示相关注意事项

就校门之外的学生管理而言，法律规定，教师有权力处分学生在校门外的不当行为，只要这种处分是合理的。当学生在校外参加学校组织的或者与学校有关的活动时，或者在往返于学校的路上，或者穿着校服以及可以被看出来是该校的学生时做出不当行为，或者在任何情况下做出可能破坏学校秩序、对他人造成威胁、败坏学校声誉的不当行为时，教师可以实施必要的学生管理。学校行为准则应当对于惩戒形式做出相应的规定。教师实施惩戒的地点，只能是在校内或者当学生处于学校教师的合法控制下的校外某地。

法律允许教师对十八岁以下的学生实施扣留。学校要在行为准则中向学生和家长说明，他们将扣留（包括放学后的扣留）作为一种处分，在实施扣留时不需要征得家长的允许。如果在午餐时间实施扣留，教师需要留出合理的时间来让学生吃饭、喝水以及使用卫生间。如果在放学后实施扣留，教师需要考虑这样做会不会危及孩子的安全、该生是不是有特殊的身体原因不应被扣留、是不是要告知父母（多数情况下需要这样做，如扣留时间较短则无须告知）以及家长是不是可以给学生安排一种适宜的回家方式。如果扣留只是给家长带来一些不方便，这并不足以取消扣留处分。

1996 年《教育法》以及 2006 年《教育与督学法》赋予教师没收不当物品的权利。刀和武器、酒、非法药物、烟草、色情制品等属于法律

[1] Department for Education. Behaviour and discipline in schools: Advice for headteachers and school staff［OL］.2014-03-17[2014-06-10]. https://www.gov.uk/government/uploads/system/uploads/attachment_data/file/277894/Behaviour_and_Discipline_in_Schools_-a_guide_for_headteachers_and_school_staff.pdf.

规定的校园“零容忍”物品，对于这些物品，教职员工可以随时搜查，没收后按照法律规定对这些物品进行处理。对于法律没有规定处理办法的物品，学校行为准则可以进行具体规定。

体罚是不被允许的，但出于正当目的，教师在学生管理时有权力合理使用武力。文件指出，教师有权力合理使用武力来阻止学生实施侵犯、伤害自己或者他人、损坏财物的行为，维持教室里的良好秩序和纪律。校长和被授权的教师可以在实施毋允许的搜查时合理使用武力。学校也可以在校规中界定法律规定之外的毋需允许而搜查的物品，但在搜查这些物品时不能使用武力。

学校可以将严重违纪的学生在一段时间内与其他学生隔离开来。如果使用隔离室作为纪律处分之一，学校应该在行为准则中申明。每个学校有权决定一个学生应该被隔离多久，负责的教师有权决定学生在隔离期间可以做什么、不可以做什么。学校应该确保学生被隔离时间没有超过必要长度，并且这段时间得到尽可能建设性的使用。同时，学校必须给被隔离的学生提供时间吃饭或使用卫生间，确保学生的健康、安全及其他合法权益[1]。

### （五）注重学生权益保护，恰当平衡教师惩戒权与学生合法权益

就学生管理而言，教师惩戒权与学生权益就像天平的两端，强调其中一端，就可能出现忽视另一端的危险。本文件的主旨是解释学校、教师拥有的学生管理及惩戒权，其首要价值在于通过加强学生管理保障学校正常的教育教学秩序。值得一提的是，文件非常恰当地把握了教师惩戒权与学生权益之间的平衡。

教师对学生实施管理及惩戒，必须遵照相关法律规定。文件在论及

[1] Department for Education. Behaviour and discipline in schools: Advice for headteachers and school staff［OL］.2014-03-17[2014-06-10]. https://www.gov.uk/government/uploads/system/uploads/attachment_data/file/277894/Behaviour_and_Discipline_in_Schools_-a_guide_for_headteachers_and_school_staff.pdf.

准则制定、处分实施时，首先援引相关的法律规定，给教师实施管理和惩戒提供了有力的法律支持。这种表述方式也免去了普通教师研读大部头法律文本的负担。

文件反复强调，学生管理及惩戒必须考虑安全和促进学生的权益，考虑学生是否身患残疾、有特殊教育需要；惩戒不应超过必要程度；重视奖励在培养学生良好行为中的作用；在实施惩戒时要满足学生饮食、如厕等基本需要，在隔离期间要尽可能多地开展教育性的引导。

该文件以及相关教育法规关于学生管理的规定给人的突出印象是，学生管理是为了保障学生受教育权益而实施的，恰如文件所指出的，“持续而合理地实施一个明晰的学校行为准则是有效教育的保障。”[1] 英国学生管理的若干规定，如对违禁品的零容忍政策，对作业质量的要求，初看起来是对学生行为的限制，实则是为了保障全体学生的安全，确保安全有序的成长环境，并通过设置底线，促进和引导学生习得良好的社会交往行为。

## 二、英国中小学生管理规定对我国的启示

当前，我国学生管理（尤其是中学生管理）可谓问题重重，一方面，教师体罚学生、侵害学生权益事件经常被媒体指责；另一方面，中学生厌学、在校园内打群架、欺负弱小等事件时有发生，甚至出现弑师惨剧。很多教师说现在的学生“管不了”（学生拒不遵守规章）、“管不起”（学生受了批评就跳楼）、“管不得”（媒体批评教师采取的处分措施侵犯了学生的受教育权）。长此以往的结果是，学校教育教学秩序难以得到保障，广大学生的受教育权益也无法充分实现。

《学校中的行为与纪律》给我们提供了全面把握英国学生管理的一个窗口，文件正文只有十页，但对其起支撑作用的法律文件却有十余个。

[1] Department for Education. Behaviour and discipline in schools: Advice for headteachers and school staff[OL].2014-03-17[2014-06-10]. https://www.gov.uk/government/uploads/system/uploads/attachment_data/file/277894/Behaviour_and_Discipline_in_Schools_-a_guide_for_headteachers_and_school_staff.pdf.

联系我国中小学生管理中出现的若干问题，笔者认为，英国中小学生管理规定对我国加强和改进学生管理有如下启示。

其一，相关法规应该赋予学校和教师开展学生管理、实施必要惩戒的权利。

惩戒权缺位，已经成为我国教育法制建设不得不重视的问题[1]。我国《教育法》规定，学校及其他教育机构有权“对受教育者进行学籍管理，实施奖励或者处分”；《义务教育法》规定：“教师应当尊重学生的人格，不得歧视学生，不得对学生实施体罚、变相体罚或者其他侮辱人格尊严的行为，不得侵犯学生合法权益。”《教师法》规定教师有权“指导学生的学习和发展，评定学生的品行和学业成绩”，教师应当“关心、爱护全体学生，尊重学生人格”；《中小学班主任工作规定》规定：“班主任在日常教育教学管理中，有采取适当方式对学生进行批评教育的权利。”以上这些是现有教育法规中与教师惩戒权直接相关的所有条文。细读这些条文，我们可以发现学生权益“一边倒”的情况比较明显。法规认定教师对学生成长有指导权、评定权，班主任拥有批评教育权，但面对学生的严重违纪行为，指导、评定或者批评教育似乎作用不大。

英国《学校中的行为与纪律》及《教育法》《教育与督学法》的相关规定提示我们，为了确保教育工作的正常开展，保障教师和全体学生的权益，对违规学生进行一定的惩戒是必要的，而且可以成为合理、合法的，只要程序得当、程度适宜即可。教育法规对于各种惩戒方式的明文授权以及惩戒程序的详细界定，可以较好地解决一些薄弱学校的纪律松弛问题。

其二，学生管理要凸显人文关怀，将学生权益保护置于重要位置。

《学校中的行为与纪律》与我国各级各类学生管理规定的重要不同之处在于，该文件将尊重学生、保障学生权益置于突出位置。该文件将实施学生管理表述为开展有效教育的必要举措；在具体论及学生管理和

[1] 余雅风，蔡海龙．论学校惩戒权及其法律规制 [J]. 教育学报，2009(1)：69−75.

处分时，反复申明学生管理要依法而动、程度适宜，保障学生的基本权益。这些都是与当前社会崇尚民主、注重维权的思潮一致的。

相比之下，我国教育行政部门及各类学校发布的学生管理规定过于简单、生硬，列出若干项要求学生遵行的规定，却很少对学生在校期间所享有的权利进行描述，有些学校的规定（如过分限制异性学生交往）涉嫌侵犯学生的基本人权，被世人所耻笑[1]。参考英国相关规定，我国的学生管理规定应该表述更细致一些，说理更周详一些，全面而均衡地分析学生的权利和责任。

其三，学生行为准则的制定要遵循程序正义原则，学生管理要合法、合理、适度。

要做到保障学生权益和维护学校秩序之间的平衡，学生行为准则必须经得住程序正义的拷问。尽管该文件没有直接呈现学校制定校规的具体办法，但《学校中的行为与纪律》要求每所学校制定明确的学生行为准则，强调行为准则要内容完整，公开发布，这本身就是对程序正义的极大维护。这一点，对于中小学校落实依法治校有着重要意义。反观我国各所学校，制定并公开发布校规的学校较少，学校的学生管理规定成为管理者严格保密的内部材料，家长和学生对此只有零星的了解，这样就在起点上把学生置于被动服从的地位，违背了民主治校原则。同时，我国大量校规内容并不完整，只是列出提倡或者禁止的学生行为，但对于学生违规之后要承担怎样的后果只字未提。在调研中，我们发现，不得不直接面对违规学生的一线教师要么无奈地放任学生或“请家长”，要么铤而走险地实施罚款、体罚。这些都提示了校规制定的必要性。另一方面，因为校规并不公布，有一些学校（主要是高中）制定的校规过于苛刻，动辄实施开除学籍处分[2]。

我们必须看到，校规的制定是学校制定办学章程、落实依法办学的

[1] 申素平，李瑞玲．法治视野中的学校惩戒制度 [J]. 中国教育学刊，2005(10):25-28.

[2] 岳建国．高中开除学生应有法律程序 [N]. 大河报，2012-7-14(4A).

有机组成部分，任重而道远。我国《中小学生守则》要求学生遵守校规校纪，可是，如果校规本身并不合理（如要求学生“只要学不死，就往死里学”、限定学生每天如厕次数），学生就应该有提出抗议和不服从的权利。由此可见，制定学生行为准则与规范学校办学行为是紧密相连的。

其四，学生管理体系要全面，加强积极引导，坚持育人为本、规训为辅。

在我国的很多学校，学生管理被简化为考勤、扣分乃至罚站、罚钱，众多中小学生迫于规训、惩罚的压力而做出“乖学生”的样子，但并不理解为什么要讲究公共卫生，为什么要勤奋学习，为什么要与人为善。于是，我们看到，学生人前一个样，人后一个样，成为“两面派”；学生年龄越大，对各项规则的反抗越强烈。这些问题的出现，与我国学生管理中育人与规训本末倒置不无关系。

《学校中的行为与纪律》强调学校应该在相关课程中加强行为策略和良好行为的教学，采用一系列的措施和奖励来强化和表扬良好行为，尽可能建设性地使用各种处分手段，并将学生管理的首要目标界定为促进学生的良好行为、自律和尊重，启示我们要改变将学生管理理解为扣分、处分的狭隘做法，建立全面、积极的学生管理系统，引导学生成长为有理想、有道德、有文化、有纪律的合格公民。

## 第三节　全校性积极行为支持及其在校园欺凌干预中的应用

《学校惩戒共识报告》表达了重视学生的积极行为、加强引导和鼓励的立场，而源起于特殊教育领域的全校性积极行为支持理念则提出了比较全面、完善的实施模型，将育人本位的学生管理操作化、可视化。

近年来，全校性积极行为支持在美国各州的学生管理中得到广泛使用，这种学生管理模型在落实对每个学生的关爱和支持同时也有力地将教育惩戒置于支持学生健康成长的大背景之中，彰显了学生管理的人本性、亲切性。本部分，笔者拟结合当下热门的校园欺凌干预，呈现美国的全校性积极行为支持模型。

## 一、积极行为支持与全校性积极行为支持

积极行为支持源起于特殊教育领域，经1997年联邦《特殊教育法》明文倡导后，逐步扩展至全校性积极行为支持，当前已经被各地中小学校广泛采用。

特殊教育领域知名学者堪萨斯大学坦恩堡教授认为，积极行为支持是当学生的行为阻碍本人或其他同学的学习时或者当学生要受到特定的纪律处分时，以促使学生达成重要的行为改变为目标而采取的积极干预[1]。积极行为支持是一种主动的学生管理策略，系统变革、环境改变、技能教导和行为后果是其四个要素。从建构主义的视角来看，学生的行为受到教育机构内部理念、政策、规范的影响，受到家庭、社区、学区、学校、班级环境的影响，受到学生与他人的人际互动的影响，受到学生所具有的社交技能和行动能力的影响，受到各种行为所带来的行为后果的影响。据此，要增加学生的适宜行为、减少不当行为，必须反思并改造教育机构及学生的成长环境，加强对学生的能力培养，提供恰当的行为后果[2]。相比孤立看待学生行为问题的回应性学生行为管理，积极行为支持重视学生行为与其所处教育环境、成长环境的关系，强调调整并改善成长环境，优化学生所处的人际关系，培养学生的社交技能。相比片面依靠惩戒的短期干预，积极行为支持需要较长的时间和较多的精力投入；但是，积极行为支持所提供的干预更为系统全面，更加贴近学生需要，符合学生特点，所以能够更加有效地影响学生，提升学生的学业成就和社会适

---

[1] Rutherford Turnbull H. IDEA, Positive behavioral supports, and school safety[J]. Journal of Law & Education, 2001(3): 445−503.

[2] Rutherford Turnbull H. IDEA Requirements for Use of PBS: Guidelines for Responsible Agencies[J]. Journal of Positive Behavior Interventions, 2001(1):11−18.

应能力，帮助学生过上独立、幸福、具有生产性的生活。

若干实验研究结果表明，积极行为支持不仅适用于特殊教育，而且能够给所有学生提供安全并有助于学习的学校环境[1]，因而，全校性积极行为支持得到众多学校和教育管理部门的拥护，如密歇根州教育部颁布专门法令，规定本州每个学区都要建立全校性积极行为支持系统[2]。全校性积极行为支持强调对不同学生的需要和特点进行区分，依次实施普遍支持、针对性干预、个别化干预三个层级的支持和干预。普遍支持面向全体学生进行，突出体现积极行为支持的预防取向和引导取向，要求学校明确校规，加强宣传和引导，及时肯定学生的适宜行为，有效干预学生的不当行为。针对性干预面向有时出现违纪行为的部分学生进行，要求学校对这些学生进行社会交往方面的指导，实施简单的行为干预，安排校内监督人或导师加强辅导和鼓励。个别化干预面向有持续行为问题且问题行为危害性和干扰性较大的个别学生进行，要求学校与家长、心理健康领域专业人士通力合作，对学生开展功能性行为测评，制订个别化干预方案，根据需要提供深入的学业支持[3]。三层支持构成积极行为支持的金字塔模型，从第一层（底层）至第三层（顶层）的学生人数逐渐减少，并依据行为表现动态流动，使不同层级有机贯通。

### （一）面向全体学生的普遍支持及实施要点

面向全体学生的普遍支持体现了积极行为支持的预防取向和引导取向。研究者认为，积极行为支持能够增强所有学生的社交品质，让所有学生从相应的示范和教导中受益；有助于达成教师队伍中的共识，改善

[1] Stephen P Safran. Positive Behavior Supports: Can Schools Reshape Disciplinary Practices?[J]. Council for Exceptional Children, 2003(3): 361−373.

[2] Michigan Department of Education. School−wide Positive Behavioral Interventions & Supports Implementation Guide 2010[EB/OL].[2016−03−03] http://www.michigan.gov/documents/mde/SchoolwidePBS_264634_7.pdf.

[3] Michigan Department of Education. School−wide Positive Behavioral Interventions & Supports Implementation Guide 2010[EB/OL].[2016−03−03] http://www.michigan.gov/documents/mde/SchoolwidePBS_264634_7.pdf.

学校氛围，增加有效教学时间；促使学生相互示范，形成一种尊重、有序和安全的学校文化。

面向全体学生的普遍支持处于积极行为支持的第一层，奠定了该模型有效实施的基础。密歇根州教育局发布的《全校性积极行为干预支持实施指南》（本节简称《指南》）提出，普遍支持有如下流程和实施要点[1]：

第一步是确立使命，启动积极行为支持。通常情况下，采用积极行为支持的学校将改善学生行为看作学校的重要使命，致力于改善学校氛围，提高学校绩效，更有效地利用教学时间。对于成功实施积极行为支持来说，管理者的支持是必要的，有的学校还请教师投票决定是否实施积极行为支持。在积极行为支持启动之前和实施过程之中，最好对教师进行持续培训，以确保教师队伍内的共识与协作。

第二步是组建校本积极行为支持团队。经过初步培训，教师的兴趣被调动起来，这时是组建校内积极行为支持团队的最佳时机。团队的规模可大可小，团队应该具有广泛的代表性，包括各年级、各学科教师代表、管理者代表、家长代表以及在积极行为支持和班级管理方面有专长的教师、在数据分析和其他技术使用方面有专长的教师、对于积极行为支持很有热情的教师。团队组建后，要确立工作计划和例会安排。团队成员要分工负责，逐步完善积极行为支持体系的各个组成部分，还要定期聚会分析项目进展并向全体教师报告。

第三步是建立数据收集系统。办公室纪律上报是基本的数据来源。纪律数据每周要录入数据库，团队成员要及时进行归纳分析。数据收集系统可以用于评价积极行为支持的有效性，识别需要额外关注和干预的小团体、个别学生及问题行为多发地点和时间。数据采集要包括必要信息，突出重点，同时又要简易可行，避免给教师增加过重负担。

---

[1] Michigan Department of Education. School-wide Positive Behavioral Interventions & Supports Implementation Guide 2010[EB/OL]. [2016-03-03].http://www.michigan.gov/documents/mde/SchoolwidePBS_264634_7.pdf..

第四步是确立和传授积极行为期望。学校要依据尊重、责任、安全、生产性、努力等核心价值观来确立本校的三至五条积极行为期望，而后描述出每一种期望在不同场所的细化要求，确立校规，如在教室里，尊重意味着“轮到你时才发言”。校规确立了一种对于教师和学生的通用语言，学校还可以开发活泼有趣的张贴和标识，随时提醒学生。在普遍支持层面，所有学生应该得到关于校规的直接教导，教导活动要综合运用说理、描述、示范、角色扮演、情景模拟等方法；在学年开始和学期进行中，尤其是当很多学生在达到某些要求方面出现困难时，要开展简短而灵活的回顾和练习。

第五步是设计积极强化系统。学校要建立一个肯定学生良好行为的系统。最常用的强化物是通过肯定性话语、手势、眼神、个别问候等表达的教师关注；升级版的强化物是奖励卡、奖证、活动奖励，以及学校的彩票或积分卡，学生可以凭卡换取奖品。

第六步是确立针对不当行为的后果系统。校本积极行为支持团队要确立本校关于严重违纪和轻微违纪的分类，而后争取在全校范围内达成一致。一般来说，全体教师需要思考“当学生出现何种行为时，教师可以将学生报送办公室”这样的问题。常见的行为后果包括师生会谈、家长约谈、休整时间、填反思表、失去特权、道歉补偿、布置纠正性作业、签订行为协议及家校合作计划、警告、纪律上报等。

第七步是基于数据的决策。积极行为支持团队要定期分析校内纪律信息，依据信息来调整支持和干预策略，学会更加智慧而有效地工作。

### （二）面向部分学生的针对性干预及实施要点

第一层支持的平台建成后，学校就具备了实施第二层干预的基础。第二层干预要以学校纪律信息系统为依据，确定哪些地点容易出现问题，哪些教师需要额外的班级管理支持，哪些学生有相似的行为问题，哪些学生需要增加日常督导、学业及行为支持。

需要得到针对性干预的学生，可能有长期的慢性问题行为，但不需要第三层的深度干预。第二层干预比较适用于团体干预，可以同时面对10名以上的学生。

第二层干预的常规流程如下：①分析数据，识别需要第二层支持的学生；②依据校情和学生特点，确定几个可以使用的干预策略；③协调各种资源，实施干预；④面对不同学生，分类实施干预；⑤收集数据，分析接受干预的学生的进步；⑥评价干预的有效性，调整干预方式。

第二层级的常用干预方式有如下几种：①针对教室以外的纪律问题多发场所，要调整管理程序，增加监督；②对有需要的教师提供班级管理支持；③签到和签出，即在校内为学生确立一个监督人，早上到校时先要向监督人报到，下午离校前要与监督人交流，汇报一天之中的表现；④对学生进行社交技能和替代行为方面的有针对性的指导；⑤为学生安排校本导师，让学生与一个关心他的成人定期见面，导师对学生进行指导、支持、鼓励，同一个导师组的学生也可以相互辅导和鼓励；⑥师生签订行为协议书；⑦家校签订行为支持计划。

第二层干预的效果取决于如下条件：①学生可以持续地得到干预和支持，不可虎头蛇尾；②教师要依据学生情况迅速地实施干预，不可拖延；③干预策略对教师的挑战较小，不能增加教师太多的工作负荷；④干预和支持要与学校核心价值观、校规保持一致；⑤要开展学生需要和行为测评，根据测评结果进行灵活的干预；⑥干预和支持要具有一定的趣味性，吸引学生自愿参与；⑦积极行为支持团队要拥有足够的资源和时间来实施、评价和调整干预[1]。

### （三）针对个别学生的深度个别化干预及实施要点

当学校已经建立第一层和第二层的支持平台后，就具备了实施第三层干预的基础。第三层干预是针对个别学生的深度个别化干预。需要得到这种干预的学生，有持续的问题行为，且这些问题行为是习惯性的、

[1] Michigan Department of Education. School-wide Positive Behavioral Interventions & Supports Implementation Guide 2010[EB/OL].[2016-01-20] http://www.michigan.gov/documents/mde/SchoolwidePBS_264634_7.pdf: 22-33.

经常的、危险的、严重违规和阻碍学习的、可能会导致开除处分的。如果学生在一学年中有六次以上的纪律上报记录，学校已经实施第二层干预但收效不佳，学校就要考虑对其进行第三层的深度个别化干预。

要实施个别化干预，积极行为支持团队要实施功能性行为测试，依据测试结果来开发个别化的行为干预方案。因为需要个别化干预的学生有不同的类型，有些是由于身体和神经系统方面的原因，有些则长期生活在不利的家庭、社区、人际环境之中，仅仅依靠校内的师资力量往往不足以进行有力的干预，所以，学校一方面要积极联系和利用学区、社区中的健康、社会工作、心理辅导专业力量，丰富干预方式；另一方面要与学生家庭进行高频互动和亲密合作，努力改善学生所处的家庭、班级成长环境，优化相应的人际关系，逐步培养学生的社会交往能力。同时，全校性积极行为支持的第一层和第二层干预仍将继续对这些学生发挥作用，各种方法有机配合，能够减少这些学生的问题行为，增强学生的社会适应能力，为学生在现在和未来过上一种更高质量的生活创造机会。在干预实施过程中，积极行为支持团队要统筹各种干预手段的运用，并持续收集数据，评价干预效果，及时调整个别化干预计划[1]。

个别化干预的主要领域与第二层干预比较相似，只是工作方式更为个别化，频率更高，更具针对性：一是要阻止问题行为发生；二是要教导学生掌握替代行为；三是对学生进行个别化的积极行为强化；四是设计并实施相应的行为反馈，减少问题行为；五是开展适当的危机干预，如自杀倾向的干预。

## 二、积极行为支持视角中的校园欺凌干预

校园欺凌是美国学生管理领域越来越受重视的现实问题。校园欺凌危害性大，不仅会给被欺凌者造成生理、心理、社会性和学业方面的伤害，也会对被欺凌者、欺凌者、旁观者的身心成长带来深远的消极影响。校

---

[1] Michigan Department of Education. School-wide Positive Behavioral Interventions & Supports Implementation Guide 2010[EB/OL]. [2016-01-20]. http://www.michigan.gov/documents/mde/SchoolwidePBS_264634_7.pdf: 34-39.

园欺凌波及范围广，2014 年全美少年风险行为系统数据显示，19.6% 的 14 至 18 岁青少年在校园内受到过欺凌[1]。尽管各地注重欺凌干预，然而，联邦政府的调查显示，大批校园欺凌干预项目的实施效果欠佳[2]，很多项目不能减少欺凌事件的发生[3]，原因主要集中在两个方面：一是欺凌干预项目是专门项目，独立于学校常规的学生管理体系之外，需要额外投入大量的时间和资源，干预效果难以在短时间内清晰显现，而很多学校没有足够的资源进行持续投入；二是学校仅对严重欺凌事件中的欺凌者和被欺凌者实施干预，对弥散在学生生活中的轻微欺凌现象缺少干预，不能有效地在全校范围内建立亲社会氛围[4]。

全校性积极行为支持的倡导者们反对缺少引导、偏重惩戒、时紧时松的校园欺凌干预方式，认为仅在严重暴力和欺凌事件发生后使用的行为管理不能产生持续效果，不能减少学生的问题行为，不能改变控制取向的学校氛围；他们倡导采取全校性积极行为支持的系统框架，全面构建安全、关心、尊重、有助于学习和社会化的学校环境，更好地干预欺凌。

从全校性积极行为支持的视角来看，对于欺凌的有效干预意味着要帮助成人和学生了解何为欺凌，知道在看到欺凌行为之前和欺凌行为发生时应该做些什么，确立一种预防性的环境来遏制欺凌。他们主张，学校积极行为支持领导团队要分析本校欺凌行为的发生频率、地点、时间、涉及的师生等数据，启动干预决策；基于专业培训引导教师学会教导和强化学生的积极行为，促使学生参与学习和学校生活；教导师生学会预防和应对欺凌，如避开容易导致欺凌的情境，及时上报欺凌事件，通过早期介入来打断欺凌或防止欺凌程度升级；依据功能性行为测评对部分学生实施第二层和第三层的支持，如在校内为学生安排导师，学生每天

[1] National academics of sciences, engineering, and medicine. Preventing bullying through science, policy, and practice[M]. Washington, DC: The national academics press, 2006:36.

[2] U.S. Department of Health and Human Services. Youth violence: a report of the surgeon general[EB/OL]. Rockville, MD: author, 2001.

[3] Merrell K. How effective are school bullying intervention programs? A meta-analysis of intervention research[J]. School psychology quarterly, 2008(23):26-42.

[4] Scott W Ross, Robert H Horner. Bully prevention in positive behavior support[J]. Journal of applied behavior analysis, 2009(4):747-759.

到校后、离校前与导师面谈，得到社交方面的提醒，得到更加频繁的肯定等[1]。

在全校性积极行为支持的整体框架之中，俄勒冈大学教育学院教育与社区支持中心罗斯（Scott W. Ross）、豪纳（Robert H. Horner）等教授研发并实施了基于积极行为支持的欺凌干预（Bully prevention in positive behavior support，简称 BP–PBS）课程。

## 三、基于积极行为支持的中小学欺凌干预课程

BP–PBS 课程是面向全体学生实施的欺凌干预项目，主要目标是引导师生识别常见的轻微欺凌行为，学会积极应对，从而减少欺凌行为发生、防止欺凌程度升级。该课程分小学生分册和初中生分册，两分册内容框架基本一致，都是围绕研究者主张的三种欺凌应对策略（制止、走开、上报）展开。

“制止”强调开发全校通用的制止话语和手势，当学生作为被欺凌者受到不正当的对待时或者作为旁观者看到有人受到不正当的对待时要及时使用制止策略，敦促欺凌者停止不当行为。“走开”指当学生（包括被欺凌者和旁观者）让欺凌者停止欺凌但没有结果时就要从问题行为发生的地点走开，以促使欺凌行为中断。该策略的理论依据是被欺凌者和旁观者的离开意味着撤销对于问题行为的同伴关注，避免满足欺凌者哗众取宠的心理需求。“上报”指在前两种策略不能使欺凌者放弃不当行为时，学生应该将此事告诉成人；如果有学生已经面临危险，旁观者可以跳过前两步，直接上报成人；此时，成人要学会回应学生的上报，既要耐心了解事情的缘由，询问学生在上报之前采取的应对方式，又要给学生以适当、有力的支持，对欺凌者进行干预。该课程组织学生们就校园中常见的打人、谣言、侮辱性绰号或评价、网络欺凌等情况进行角色扮演练习，学会熟练地使用制止、走开、上报策略应对各种问题。在

[1] George Sugai. Reducing the effectiveness of bullying behavior in schools[EB/OL].[2017–03–03]. http://www.pbis.org/common/cms/files/pbisresources/PBIS_Bullying_Behavior_Apr19_2011.pdf.

课程实施过程中，教师也会安排学生扮演欺凌者，引导“欺凌者”认同人际交往中的规则，当同学实施制止、走开、上报等策略时能够及时自省，停止自己的不当行为，学会更好地与同学交往[1]。

该课程在实验学校的实施过程分为两步。第一步，课程研发人员对全体教职员工进行本课程的培训，指导他们学会辨别适宜和不当的学生行为，让他们通过练习掌握如何对学生进行策略指引、对学生运用相应策略进行奖励、实施早期干预、处理学生的上报，学会开展欺凌干预决策。第二步，受过培训的教师指导学生进行该课程的学习；学生的集中学习在一周（4—5天）内完成，每次学习一小时；全体学生学习了本课程之后，学校进入基于积极行为支持的欺凌干预的实施阶段，教工对学生在操场、楼道内的表现进行详细记录，以呈现干预效果。课程研发团队对三所学校的实施效果进行全程跟踪，发现重点监测对象（以往做出欺凌行为较多的学生）发出的欺凌行为减少了60%以上，而被欺凌者、旁观者使用制止、走开、上报策略的比例大大提高，被欺凌者采用消极应对方式、旁观者对欺凌事件围观或大笑的比例大大减少[2]。

笔者认为，该课程体现了如下特点：

（1）面向全体学生开展欺凌干预，将所有学生看作潜在的被欺凌者、旁观者、欺凌者，实施未雨绸缪的干预，在全校范围内营造抵制欺凌的良好氛围。

（2）将欺凌干预嵌入全校性积极行为支持的整体网络之中，因而不需要额外投入太多精力。该项目处于全校性积极行为支持的第一层级，重点是通过专题课程将校园内的社交行为期望和应对不当行为的策略教给全体学生，对学生行为进行监督，肯定适宜行为，干预不当行为，采

[1] Scott W Ross, Robert H Horner. Bully prevention in positive behavior support (Curriculum manual developed for intervention implementation) [EB/OL].[2017-03-03]. http://www.pbis.org/common/cms/files/pbisresources/bullyprevention_ES.pdf.

[2] Scott W Ross, Robert H Horner. Bully prevention in positive behavior support (Curriculum manual developed for intervention implementation) [EB/OL].[2017-03-03]. http://www.pbis.org/common/cms/files/pbisresources/bullyprevention_ES.pdf.

用严厉程度不同的行为反馈来纠正轻微欺凌行为，并持之以恒[1]。

（3）教学案例紧扣学生生活实际，有助于学以致用。每节课围绕的案例均与中小学生在食堂、操场、卫生间等地的生活密切相连，能够指引学生的日常交往。

（4）注重策略传授，提供角色扮演机会，促使学生熟练掌握这些策略。该课程不是一般性地倡导学生友好相处，而是直面可能出现的问题行为，通过反复练习让被欺凌者学会自我保护，让旁观者避免因围观而成为欺凌的帮凶，让“欺凌者”学会及时停止不当行为。

（5）重视教师和家长对学生的支持，引导成人学会正确干预校园欺凌。该课程的设计者首先通过专项工作坊对实验学校教师进行培训，使教师掌握了应对欺凌的正确做法，从而可以为学生使用正确策略提供有力支持。

## 四、启示

### （一）全校性积极行为支持对我国学生管理的启示

学生管理是学校和教师对学生言行实施的管理，兼具工具性价值和本体性价值、即时性功能和延时性功能。就我国的实际状况而言，学校过分强调学生管理为教学保驾护航的工具性功能以及以最短的时间、最立竿见影的方式把学生管住的即时性功能，不注重通过学生管理培养学生的规则意识和行为自律，更缺少学生管理的从长计议和体系构建，由此导致了很多学生规则意识不强、很多地方师生关系紧张的不当格局。美国全校性积极行为支持从建构主义的视角去理解学生的问题行为，重视体系建设和资源调动，强调数据收集和分析，对于我国优化学生管理体系、循序渐进地培养学生的积极行为、促进学生自律具有重要借鉴意义。

[1] Scott W Ross, Robert H Horner. Bully prevention in positive behavior support (Curriculum manual developed for intervention implementation) [EB/OL].[2017-03-03]. http://www.pbis.org/common/cms/files/pbisresources/bullyprevention_ES.pdf.

其一，学校要实施积极的学生管理，注重通过组织变革、环境变革、技能教导来支持学生习得适宜行为，减少不当行为。

对于学生的不当行为，积极行为支持研究者从建构主义的观点去分析，强调学生的问题行为与学校、家庭的组织和环境因素紧密相连，如学校中可能缺少适当的强化系统或者存在不恰当的强化系统；同时，他们也指出，问题行为的发生，可能是由于学生缺乏相应的社会交往技能、情绪调控能力所致。据此，他们强调转变传统的以应对学生违规问题为突出特征的“消防员式”学生管理思路，采用以预防和引导为主的学生管理方式，优化学校氛围，加强积极行为教学和强化，促进学生习得良好行为。这种以育人为本位实施学生管理、以教导为主线促进良好行为的积极管理思路值得我国借鉴吸收。

其二，学校要注重构建学生管理体系，实现多种手段、多方力量的联动和彼此支撑。

全校性积极行为支持体现了突出的系统论思维。首先，全校性积极行为支持是由普遍支持、针对性支持和深度个别化支持三个层级的学生行为支持系统构成的复杂系统。其次，三个层级不仅有各自相互独立的功能，同时又相互支撑，自底层至高层环环相扣，各层级的学生可以根据干预效果灵活流动。最后，每个层级乃至每个干预要点又各自形成一个有机系统，如面向全体学生的普遍支持包括确立并教导校规、设计强化系统和行为后果系统等要点，而积极行为强化、不当行为后果又各自有一系列的安排，能够较全面地应对学生行为引导和纠正中的复杂情况。

其三，研究者要注重学生管理的程序设计和操作工具研发，便于校长和教师理解、掌握和实际应用。

经过近二十年的理论研究和实践探索，全校性积极行为支持已经具备了较强的“傻瓜化”特征。以《指南》为例，作者列出了每一层支持系统的要点、实施步骤和常用方法，提供了相应的校情评价表格、积极行为支持体系建设情况评价表格，而且对于每一个步骤的操作方式、每一种方法的使用方式都进行了相应的说明和举例。例如，《指南》提供了手绘奖状样本、学生行为合同表格、家校合同表格、签入与签出样例，并且细致入微地指出，对于全体教师的积极行为支持培训要分多次进行，不要一次灌输太多内容让教师觉得压力过大；对于学生首次出现的积极行为，要迅速地进行四种不同形式的肯定；对学生进行校规教导以每周一次、每次 10 ～ 15 分钟为宜。这些具体程序和实施要点，将很多教师望而生畏的学生管理分解为可以量化处理的若干环节，能够迅速地被教师掌握，从而转化为本校学生管理的有效实践。

其四，要重视数据的持续收集和使用，为优化学生管理提供数据支撑。

学生管理数据在全校性积极行为支持体系中处于基础性地位：这些数据可以提示本校学生问题行为的类型和分布特点，帮助教师识别需要进行针对性干预和个别化干预的学生，判断哪些时间、地点及哪些教师的课堂需要得到额外的重视，还能帮助积极行为支持团队判断哪些干预是有效的，哪些干预是需要调整的，从而逐渐提升学生管理的有效性。

借鉴积极性行为支持模型，我国学校应该开发适合本校实际的学生管理数据系统。教师可以随时记录学生管理的重要信息，如哪个学生在什么时间和地点做出了何种违规行为、教师采取了怎样的处理方式、处理效果如何等；德育管理团队可以定期查看系统提供的数据报告，据此确立更加科学、精准的学生管理策略。

### （二）基于积极行为支持的欺凌干预课程对我国开展欺凌干预的启示

教育部等九部门联合发布的《关于防治中小学生欺凌和暴力的指导意见》指出，要认真开展预防欺凌和暴力专题教育。基于积极行为支持的欺凌干预课程在很多方面可以为我国提供启示。

其一，高度重视欺凌干预的必要性，系统开展面向全体的早期欺凌干预。

当前，很多学校对于实施早期欺凌干预必要性的认识还不到位，认为本校校园环境很安全，严重欺凌“很少见”，“不必小题大做”，而没有意识到轻微欺凌升级为严重欺凌的可能性；一些学校仅对实施欺凌的学生进行批评教育，但没有意识到面向全体学生实施干预的重要性。大量欺凌事实告诉我们，欺凌干预应该及早开始、防微杜渐，因为严重欺凌往往是轻微欺凌慢慢演化升级而来的，少数欺凌者之所以做出无所不用其极的暴行，与被欺凌者长期的退让隐忍、旁观者的围观纵容以及学校和家庭对轻微欺凌的熟视无睹不无关系。通过专项课程实施欺凌干预，可以在全校范围内营造积极氛围，尽最大可能形成对欺凌者的舆论压力和对被欺凌者的环境支持。

其二，欺凌干预课程要紧密联系学生生活实际，加强策略指引和练习。

学校德育课程的常见缺点是追求学科逻辑而脱离学生生活、偏重知识掌握而忽视实操演练，最终削弱了德育课对学生行动的影响力。欺凌干预课程应该努力避免以上问题，突出生活化、体验式特征，在素材选择上挑选校园内常见的轻微欺凌现象，给教师留下结合校情挑选情境（如“自主提出三个应该使用‘制止’策略的情境”）的空白；在实施方式上改变“我讲你听”的传统样式，采用小组讨论、结对角色扮演等方式，让学生通过反复练习掌握相应策略，形成抵制欺凌的健康情感，生成处理人际冲突的实践智慧。

其三，建立面向学生、教师、家长的欺凌干预课程体系，形成抵制欺凌的合力。

在现实生活中我们可以发现，当学生向成人报告欺凌事件时，一些教师和家长并不能很好地回应，既不能给被欺凌者以安慰，也不能给欺凌者以有力的震慑，最终纵容了欺凌的蔓延和恶化。因而，建立欺凌干预专项课程群是必要的。面向教师和家长的课程要突出针对性、参与性、实效性，引导成人了解校园欺凌的特点、成因和危害，帮助成人通过情境分析、角色扮演等方式熟练掌握欺凌干预的常用方法，学会合理回应、及时上报、寻求帮助。

其四，欺凌干预课程要有机融入现有德育课程体系和学生管理体系，避免孤立实施。

实施欺凌干预课程并不必然要求单独设科。BP-PBS课程之所以能够产生良好效果，在很大程度上是因为该课程成为全校性积极行为支持的有机组成部分，便于长期持续实施。在全校性积极行为支持框架中，明确校规、肯定适宜行为、制止不当行为是全校教师的常规工作，欺凌干预课程只是突出了与欺凌相关的内容，但不要求增加学生管理方面的资源投入。我国要优化校园常规管理，努力将全员育人、全方位育人落到实处，使有效的学生管理常态化；在欺凌干预课程实施的细节方面，要考虑到各学段课程门类和课时数量的限制，避免单独设科，而应将该课程有机地融入现有德育课、班团队活动之中，课程主持人也应以德育课教师、心理健康教师、班主任、辅导员为骨干，避免另起炉灶可能导致的课程实施孤立化、边缘化、形式化等问题。

## 第四节　美国小学生管理的现场考察与反思

从文化学的角度来看，教育、德育、学生管理都是一种文化存在，形形色色的教育现象折射出不同民族、不同社会的文化差异；对国际经验的借鉴，不能仅仅停留在政策、论著层面，还有必要深入其教育一线，了解不同文化下的学生管理日常实践，发现一些行之有效的习惯性做法。

在美国纽约访学期间，笔者深入三所当地较为优秀的公立学校（小学、初中、高中各一所），尝试从一个来自异域文化的教育学者的视角从细节处审视美国教育，发现一些对我国教育改进有启发意义的元素。事实证明，这种跟踪式观察给笔者带来了很多发现和思考。就小学阶段的学生管理而言，美国小学生管理的突出特征体现在，在包班教学背景下，全科教师有效建构教师与学生、家长之间的友好关系，在班级内保持正常的教育教学秩序，同时给予学生细致入微的言行指引。

## 一、美国小学的包班教学

欧美公立小学比较普遍的教育安排是教师包班上课制：每班设一或两名主任教师（一般为一名），负责本班三十名学生的主干课程。主干课程包括英语、数学、社会学习、科学四个学习领域，音乐、美术、体育、外语由本校专业教师在专用功能室里进行教学。主任教师在教学中也会组织音乐、美术、体育等活动，但基本上不进行这一方面的专业教导。

主任教师每天的工作是这样的：每天提前半小时到达教室，做好上课之前的准备，给提前到校的学生布置一些活动或者任务；组织全天教学，如果学生要到功能室上课，教师要带学生到功能室，而后在下课时把学生带回本班教室；学生放学回家后，教师要整理教室，备课，为第二天的教学做准备。

在包班教学背景下，欧美小学没有设置我国常见的班主任岗位，而包班的主任教师自然而然地在承担主干课程教学的同时扮演起班级导师的角色，承担了德育和学生管理的绝大多数职责。

## 二、美国小学德育与班级管理举例

在包班教学的背景下，主任教师如何进行德育和班级管理呢？让我们来看看美国小学二年级教师维持纪律和秩序的例子。

秋季学期开学第一天的上午，笔者来到这间教室。班上的两位主任教师正在指导学生用彩笔制作一个名签。学生们先在聚会区讨论，教师提示学生该如何使用彩笔，叮嘱学生如果彩笔掉到地上要及时捡起来，不然笔会损坏或者会把教师或者同学绊倒（美国小学的纸、笔都是由学校免费提供的公共财物，不是学生从家带来的个人财产）。学生们分头回到桌前，着手在一张名片大小的纸上设计自己的名签。教师在教室中间的矮桌上放了一红一黄两个塑料篮子，十分钟后，教师提示学生：如果名签已经完成，请将它放到红色篮子中；如果名签没有完成，请将它放到黄色篮子中。以此为例，教师解释说："在学习过程中，我们的很多作业不是一天之内完成的，没有完成的作业和已经完成的作业要分开来放，这样就可以给下次使用带来便利。"学生的名签上交完毕，教师把两个篮子放到教室的置物柜里，而后招呼同学们再次来到聚会区。

本次聚会的主题是学习排队。男教师在小白板上贴出了三张人物简笔画，这三幅画依次展示了排队的三个要点：眼睛看前方；两手放松下垂；安静，不发出声音。教师在讲解时强调共同生活、集体、安全："在学校里，我们经常会从一个地方走到另一个地方，比如从现在的教室走到礼堂，这时，我们要考虑应该怎么走。"学生回答说要排队，教师说："是的，我们需要排队，排队走可以让我们比较快地完成地点的转换，也能确保教师能够照顾到每一位同学。接下来我们要学习一下排队的要领。首先，眼睛看着前方，这样能防止你被其他信息所吸引，防止掉队；其二，两手要放松下垂，这意味着手里不能有玩具，不能相互追打；其三，不发出声音，当我们在教学楼里行走的时候，其他教室的同学在进行着各自的学习，如果我们说话，就会影响到他们，让教学楼显得秩序很糟，而且，说话也会影响走路速度。"进行了详细的讲解之后，男教师离开小白板，亲自为学生示范在排队时应该怎么走：他两眼看着前面，两只手臂自然下垂，不开口说话，很专注地从教室后面走到教室门口，而后，他转过身来，问同学们是不是明白要领，并且点了一个学生来试走。被点到的学生学着教师的样子很认真地走了一遍，到了教师的身后。教师又点了两位同学试走，并对他们的行走表达了欣赏。然后，同学们依次离开聚会区域，在教室后面拿起自己的午餐包（部分同学吃学校提供的午餐，没有午餐包），在教室前方排起队来。

排队是一项比较复杂的工作。美国小学基本没有全校性展示、竞赛活动，排队在楼道里走，就是向学校全体师生展示本班风貌的主要方式，当然，这种展示不是要喊口号来引人注意，最关键的标准就是安静、整齐、迅速，最好是不要引人注意（即不打扰别人）。两位主任教师共同来整队，女教师站在队伍的后面，男教师站在队伍的前面。关于排队行走，两人规定了本班的专用手势：单手握拳，做成竖大拇指的样子，如果大拇指朝上，说明队伍状态很好，可以前进；如果大拇指横过来，说明队伍状态还不够好，需要调整；学生调整好了之后，教师才慢慢地把手腕转动90度，队伍继续前进。女教师在后面负责检查队伍情况，以手势示意男教师是不是可以放行。教室在三楼，每下一层楼，教师都要停下来检查队伍情况，确定状态不错之后才继续前进。

大家来到了食堂。教师安排学生们席地而坐，食堂的基本情况尽收眼底。教师首先给同学们讲解了二年级的就餐位置，强调二年级有固定的就餐位置，但二年级的三个班不再划分固定位置，在午饭的时候不要拒绝其他班的同学坐在身边，并且要把一起就餐看作社会交往的重要机会。继而，教师讲解了其他的要求：一是走路要慢，不要撞到别人，因为大家手里可能有食物和饮料；二是食堂提供几种垃圾桶，分别用于回收各种垃圾，同学们在吃完午饭后要将各种垃圾分类放好；三是在就餐结束后要清洁自己的位置，以示礼貌。

因为是开学第一天，所以，教师将大量的时间用于讲解学校生活中的纪律，每次的讲解都不是一气呵成的，而是不断地请学生提问、发表观点，教师再据此进行讲解。整个讲解非常细致，教师也表现得很有耐心。那么，一次讲解之后，学生是不是都能在以后的学校生活中照办呢？

事实并非如此。在其后的学校观察中，我们发现，在小学一至三年级，排队一直是一项艰巨的任务，而教师们总是很耐心地花时间来整队。

下面是三年级的一个例子，这个例子发生在三年级学生即将结束三年级学习的时候。小学生的核心课程在主任教师的教室里进行，而音乐课、美术课、体育课、外语课都在另外的专用功能教室里进行，按照小学工作常规，主任教师要负责将学生整队带到功能教室，而后在下课时回来把学生整队带回本班教室。这个例子发生在音乐课下课的时候。

下课时间到了，主任教师史谛夫来到教室接学生了。他进教室时，学生们正在音乐教师的指挥下“群魔狂舞”。看到这个场面，史谛夫很高兴，对音乐教师的杰出工作表示赞赏，也对同学们表示欣赏。音乐教师停止演奏，跟同学们说再见。主任教师到来，学生们就要回去了。一部分同学开始安静下来，排队，教师很高兴，很大声地表扬：“谢谢你准备好了，杰克，瑞夫……”排在队伍里的每个学生的名字都被点到。然后，教师开始倒计时五个数，其他同学也随着这个号令陆续排进队伍里，不过，有的同学安静下来了，有的同学还在眉飞色舞地高谈阔论。教师边数数，边拍着一个个宝贝学生的头，对他的排队情况进行点评：“（凯莉）准备好了，（莲达）准备好了，（杰夫）快好了，（雷克）快好了，（瑞夫）准备好了……”数到“二”之后，教师又重点拍几个学生的头：“（杰夫）还是快好了？（雷克）还是快好了？”所谓“快好了”，就是“没有准备好”或者“还需要时间”的意思。这种提示、点评，是教师以柔克刚的一种策略。教师和学生之间有融洽的师生关系，所以，在教师的耐心提示下，学生慢慢安静下来，因为他们不想为难教师，或者可以说，他们意识到自己应该做什么了。

## 三、中美小学德育与班级管理的比较

综合上面的例子以及其他见闻，我认为，美国小学教师开展德育和班级管理的方式与中国小学有如下不同。

其一，美国小学教师在维持纪律时主要在讲道理，而不是发脾气。仅以整队为例，学生从进入小学一年级开始就要整队，直到三年级，教师还在整队。教师并没有发脾气，批评学生“我都说了一千遍了，你们还是不听”，而是很温和地提醒学生排队，利用即将开始的学习任务来吸引学生排好队。

其二，美国小学教师在维持纪律时主要是提出“要做什么”的正面要求，而不是发布“不能做什么”的否定性命令。教师会说“现在让我们排好队，每个人和排队伙伴一起站好”，而不是说“排队时间到了，不要玩乐器了，不要看书了，不要……”当学生的课堂发言被同学嘲笑时，教师会说“我们要表示尊重”，而不是说“不准嘲笑同学”。提出正面要求，可以清楚地提示学生应该做什么，应该具有怎样的肯定性品质，如诚实、友爱、尊重；而否定性命令虽然看起来清楚明白，但学生只知道不应该做什么，但并不知道怎样做才能表现出积极的品质，如“不嘲笑同学”并不等于“尊重同学”，因为如果既不嘲笑也不做其他事，这位同学相当于漠视了同学的发言，并没有体现出对同学的尊重。

其三，美国小学教师所提出的纪律要求细致入微，并且较为平实，不提过高要求。以排队为例，教师不仅提出要求，还进行细致讲解和示范，将排队变成了一个很正规的练习过程。同时，美国教师所规定的纪律往往是维持学校生活和课堂秩序的最低标准，比较容易做到。以美国教室规则为例，教师对坐姿、站姿没有规定，在集会区域听讲时，学生可以自由选择位置，东倒西歪地坐着，只要不开小差、不影响其他同学就好；学生不必穿校服、戴红领巾，教师也不会开展这一方面的检查、评比。

其四，美国小学教师在批评学生时不忘表达欣赏。我目睹几位教师批评不守纪律的学生，她们常用的表达方式是这样的：“某同学现在坐在旁边的椅子上，没有加入我们的聚会，这并不是说他不好。他是个很优秀的人，将来可能会成为伟大的发明家、文学家，不过，他现在没有做好准备，我们需要多给他一些时间来做好准备。”这样的批评，看起来没有直接切中要害，没有做到一针见血，但这种细致、耐心的批评方式是美国教师维持纪律时最常用的方式。

其五，美国小学教师所采用的惩戒方式重视让学生自己反省。面对不守纪律的学生，教师并不进行过多的批评，也不会罚站、体罚，或者把学生赶出教室。学生在教室里的时间可以分为两个部分，一个部分是在聚会区域听讲或讨论，另一个部分是在桌前完成各种作业。在聚会区域出现纪律问题，如说话影响教学，教师先是进行积极的提醒——“请保持安静”，“请尊重同学的发言”；如果这样不奏效，教师就会把犯错的学生请到聚会区域外面的桌前坐下，等他“准备好了”再过来。在完成作业时出现纪律问题，如吵闹、不做作业，教师先是进行积极的提醒，如果不奏效，就会请学生到单独的桌前安静反省，或者如果确实有时间，教师会与这位同学耐心交流，直到他明白此时的规则为止。

其六，美国小学教师对学生的教育采用个别教育的方式，不会树立身边的榜样。对于学生的良好行为，教师会以个别方式来表示欣赏、感谢，而对于表现不当的学生，教师也会以个别方式提供帮助、指导，而不是面向全班进行表彰先进、批评落后的教育。而后面一种方式是中国同行常用的方式：“现在教师点评一下，某某等几位同学表现非常好，请大家向他们学习；某某等纪律状况很糟糕，教师提出严肃批评。”中国教师还经常使用小红花、评分表等方式来公示学生的纪律表现，让“好学生”受到明显的重视。美国教师不对学生搞特殊化，不会教导学生“向某某同学学习”。

其七，美国教师不会对班级、小组进行排名，不会利用排名给学生带来压力。美国学校不评选优秀班级，教师也不会评选优秀小组。对于学生或者班级优秀不优秀，教师和校长在工作中难免会有判断，但他们不会公示这种判断。笔者认为，这样做有两种好处，一是过早做出判断会干扰学生的成长，毕竟学生太小，做出这样的判断为时过早；二是基于同学之间的横向比较做判断不利于因材施教，毕竟每个学生有其特点，不应该用同一把尺子来衡量发展速度和个性特长不同的学生。

其八，美国教师对学生的管理和教育，全部是亲力亲为，没有学生干部来分担责任。任用一批能干的班干部，基本上是中国成功教师的普遍秘诀，但美国学校不设学生干部，教师要亲自承担各项学生管理职责。

## 四、美国小学德育与班级管理对我们的启示

就纪律的实际效果来说，美国小学低年级班级基本上是比较混乱的，

学生们很活泼，但状况不时出现，教师要不断地进行课堂组织工作，排队也要花很长时间。然而，到了四年级，当教师说要集体外出时，全体同学很迅速地排起队来，不需要教师带队就可以直奔目的地。这种状况似乎暗示了一个困扰中国社会的问题的答案。问题是这样的：中国的小学生都是很听话、懂礼貌、遵守纪律并且乐于助人的，可是，为什么有的人纪律状况越来越差，到了成年，中国成人社会的公共文明状况有不少问题；美国的小学生似乎不懂规矩，可是，欧美社会的公共文明状况却普遍很好？

笔者将美国小学的纪律方式提炼为"基于尊重、理解和等待的纪律"："尊重"指尊重学生，尊重学生是具有独立人格、具有理性思维能力的人，因而愿意给学生讲道理，把学生当作平等的人来看待；"理解"指理解学生，理解小学生有着丰富的兴趣而不能收放自如地调节自己的言行，理解小学生的规则学习是需要时间的；"等待"指愿意给学生留出成长的时间，实现道德品质、行为习惯上一点一点地进步，逐步成长为符合社会要求的公民。

相比之下，中国小学并不愿意等待学生慢慢成长，而是利用小学生可塑性强的特点，在小学入学时提出较为严格、死板的各方面规定：每天要穿校服，在校园行走要讲秩序、懂礼貌，见到教师要举手敬礼，上课时要专心听讲，背坐直，两手平放在桌上或者放到背后……在落实这些要求时，教师常规性地采用班级或者小组评分排名，利用集体荣誉来促使同学们互相监督；任用班干部来监督全班纪律；使用小红花、小红旗等方式来表彰表现良好的学生，树立榜样；对表现不好的学生进行严厉批评，指责他"拖了班级的后腿"……

如果说美国式的纪律以尊重和理解为基础的话，那么，在中国式纪律中，我们看到了太多的行为训练。教师利用手中的权力，利用奖赏或者惩罚，来唤起学生的服从；利用学生强烈的竞争意识、荣誉意识，发动一部分学生为了"班组荣誉"而无情地监督、批评同学。而这些，在小学低年级阶段，是比较容易做到的，所以，小学教师的普遍观点就是低年级的学生是最好管的。但是，我们有没有想过：低年级时所进行的各种管理，可能为学生在自我意识觉醒之后的逆反种下了祸根。

在 10 岁左右，儿童的自我意识迅速觉醒，开始对成人所颁布的各项规矩追问原因或者理由，逐渐意识到有些规矩其实是不恰当的；也变得更为重视自己在同辈群体里的地位，更重视得到同伴的认可而不是得到教师、家长等成人居高临下的信任。于是，他们不愿意做教师手下的乖孩子，不再严格遵守纪律要求，并且对教师的批评、威胁、惩罚或者奖赏不再那么在乎；更不愿意做教师的“耳目”，不愿意在教师面前揭发同学。这也是高年级教师们觉得孩子难管的重要原因。

和美国同行相比，中国教师维持纪律的方式有很大差别，然而，中国教育界对于贴小红花、班级评比等习惯做法并没有进行冷静的反思。从小学到大学，教师们都在采用行为主义的方式来训练学生，希望学生遵守各种已经制定好的规则，却不愿意和学生进行平等的沟通，对规则的合理性进行细致的讲解。原因何在？是不是连教师也很难说明这些规则（如小学所要求的听课坐姿）的合理性，就像有人所说的，教师讲的那些道理“连教师自己也不相信”？

关于学校规章的合理性，杜威曾有过这样的分析。他指出：“学校现时强调的道德习惯，似乎都是特地创作出来的习惯。即使是果断、条理性、勤勉、不打扰别人的工作、忠于所承担的工作，这些学校中特别谆谆教诲的习惯，都是仅仅因为学校制度是现在的样子必须保护它不受触动才需要的习惯。”“从这时儿童发展的立场来判断，这些规章都多少是传统的、专横的。它们是为了现存的学校工作方式可以继续下去而不得不制定出来的规则；这种学校工作方式缺乏内在的必需的东西，这种缺陷自身，从儿童方面，反映出一种感觉，即学校的道德训练是专横的。”[1] 进而，杜威强调，学校纪律体系的问题的根本在于学校与社会

[1] [美] 杜威 . 学校与社会 [M]. 赵祥麟，等 , 译 . 北京 : 人民教育出版社 ,2005：141−142.

缺乏联系，学校中的教学安排是机械的、难以调动儿童兴趣的，如果不能将以书本为中心的教学转到关注儿童、重视儿童的活动经验的教学上来，学生管理和学校纪律体系中的问题无法避免。从美国小学的实际情况来看，杜威的这些观点得到了很好的回应，联系生活的教学、项目式学习大行其道，学生在课堂上拥有丰富而快乐的成长时光，或许，这些非管理的因素恰恰是美国小学生管理可以有效推行的前提条件。

## 第五节　美国中学生管理的现场考察与反思

提起美国中学生管理，人们会联想到很多来源不一的信息：高中生怀孕成为少女妈妈；校园吸毒、枪击事件；携男女朋友参加高中毕业舞会……美国中学的学生管理情况到底是怎样的呢？美国中学班级管理和中国相比有哪些不同？本节拟结合笔者在美国中学的田野研究和文献研究，对美国中学德育和学生管理的实际情况进行梳理和呈现。

### 一、走班上课背景下的美国中学班级

成为中学生，是美国孩子成长过程中的重要一步。美国小学实行教师包班制，包班教师就是学生们在校园内的代理父母；而自六年级开始（绝大多数州的中学从六年级开始算起），他们要在认知和情感等方面更加独立，其突出标志就是学会适应中学的分科教学和走班上课。

分科教学指中学生所学习的各门科目（英语言文学、数学、科学、历史等）均由专任教师任教，这一点与我国中小学的情况是相同的，但与美国小学有很大不同，因为美国小学只区分学习领域但不区分科目，以致美国小学生没有形成“科目”的概念。走班上课指各门科目的教学都在该科目的专用教室里进行，中学生每天要在不同的教室里进行各科

学习，这一点，与我国绝大多数中学的情况是不同的。最近几年，我国中学开始推广走班上课，这更增强了借鉴美国中学学生管理的时代意义。

走班上课确立了中美中学班级管理的基本差异。中国的中学生从入学开始就划入某个班，固定在一个教室里上课，不上课的时候也在这个教室里上自习，班主任负责全班的纪律、班干部任用、班级建设工作。美国的中学生则没有固定教室的概念，从早上第一节课到下午放学，学生们每隔四十分钟就要背上书包换一个教室；他们没有班主任，各科教师要在自己的教室里确立本教室的纪律规定。

下面对走班上课背景下的美国中学班级管理情况进行简要介绍。需要说明的是，美国各地的教育发展状况差别较大，这里所介绍的情况是作者访问和搜集到的关于美国学校的一般情况。

学生进入公立中学之后，仍然分入相应的班级，不同学校的命名方式有很大差异，有的班级名称是一班、二班、三班，有的班级名称是个性化的名字，如达尔文班、爱迪生班等。每班人数一般为三十人，这些学生在本校就读期间会共同学习绝大多数的课程。各年级都有一定数量的选修课，高中阶段更多，初中阶段较少。

导师制是重要的教育和德育安排。每班学生分为两个十五人小组，每个小组由本校的一位教师担任导师。学生在本校就读期间，将一直在这个小组里接受这一位导师的指导，并且与小组内同学建立一种相对亲密的关系。导师与同学们的交往，在课表上有固定的时间，名称为“辅导”（advisory）。就笔者所考察的两所中学来说，高中安排的辅导时间是每天午餐之前（或之后）有三十分钟的辅导时间，不过，只有周一、周五是就班级管理、学生发展进行主题辅导，周二至周四的辅导时间安排学生在导师陪伴下进行课外阅读，有需要的学生可以与导师单独交流。初中安排的辅导时间是每周两次，每次四十分钟，使用正常教学时间，如周二上午第二节课、周四下午第一节课。

家庭教室是与导师制相配合的一种制度安排。每组师生的辅导课在一个独立的教室里进行，而辅导小组的数量是教学班的两倍，学校不可能提供足够的教室让学生们同时进行辅导课。学校采取的是错时上辅导课的办法，第一所学校是高中，九年级、十一年级的辅导课安排在十一点三十分至十二点，此时，十年级、十二年级学生在食堂就餐；十二点至十二点半，四个年级交换。第二所学校是初中，六年级、七年级、八年级的辅导课都在不同的时间。每个辅导小组的辅导课都在固定的教室里进行，这个教室就是这一组师生的家庭教室，同时，这个教室也可能在另一个时间段里成为另一组师生的家庭教室。

共用一个家庭教室的不同年级的同学因为共用教室的缘故而可能在教室里相遇并成为朋友。美国中学的每间教室的正面都有一面或大或小的国旗，面向国旗宣誓是美国多数中学生每天到校后的第一项功课。宣誓是在家庭教室里进行的，此时，共用一间教室的两组学生短暂地相遇，在相识之后，他们可能结成联谊关系，高年级的学生可以给低年级的学生提供一些指点和帮助。

美国中学普遍有一些社团，如爱好写作的同学参加文学社，喜欢戏剧的同学参加戏剧社，社团均有相应的指导教师。每个社团有各自的章程，每周必有一次活动，安排在下午放学之后的一个小时内。

以上简单介绍了美国中学的班级。对一名中学生来说，他身处两个稳定的班组之中，一个是一起上课的教学班，另一个是一起接受导师指导的辅导小组。作为教学班的成员，学生要完成学习任务，接受各科教师的管理；作为辅导小组的成员，学生要参与各项活动，学会在小组中做一名合格的、有贡献的成员。如果考虑到有些中学推行选课制，学生在不同科目上分属于不同的教学班，情况则更为复杂。

## 二、美国中学教师的课堂管理与德育

涂尔干指出：“道德的基本要素就是纪律精神。”[1]这一点，对于理解课堂中的纪律的德育价值有很大意义。学生要认真听讲，积极参与

[1] [法]涂尔干. 道德教育[M]. 陈光金，译. 上海：上海人民出版社，2000：33.

课堂活动，按时、保质完成各项作业，唯有如此，学生才较好地履行了“好学生”的职责，而这种学生时代的负责品质，可能成为未来在职业、家庭和公共生活中负责任的重要基础。

美国中学生并不自然地能够在课堂上自我约束、在课后自觉主动地进行复习和预习等，美国教师和中国教师一样要不断地应对学生的课堂违规状况。美国的教育研究者和实践者对于课堂管理也在进行不断的探索。

公布、明确本教师对课堂和作业的期望、规定，是必要的。有的教师会将各种规定简明地贴在墙上，这些规定可能涉及进入教室时的打扮、需要准备的文具、上交作业的方式和评分标准。教师们的期望与学校的办学水平、办学理念、学生背景有很大关系。某校一半以上的学生是黑人学生，这些学生学习习惯较差，数学教师向学生们宣布：“按时交作业就得一百分，不管内容是对是错。”

展示学生的进步，给以正面激励，也是常用的做法。教师会在教室的墙壁上开辟一些学习展示栏，展示同学们取得的学习成就。一段时间的学习结束，教师会请同学们制作一些与主题相关的展板，来展示学习成果。英语教师会统计同学们的课外阅读情况，用彩色贴纸标出每位同学的阅读量。各科教师会将优秀作业、优秀实验及报告等用类似的方式标出来，以激励同学们更加专心学习。

建立与学生之间的融洽关系，是美国教师进行课堂管理的必要前提。美国式民主意味着教师不能在学生面前板着面孔，也不能随心所欲地发脾气，因为一旦“龙颜大怒”“河东狮吼”，不是学生被镇住，而是该教师以后很难面对这批学生及其家长。所以，美国教师对学生的纪律约束，要建立在与学生的融洽关系基础之上，或者说，美国教师的课堂管理有很浓的“以柔克刚”的味道。师生关系的融洽突出体现在学生进出教室的形式上。以一节数学课为例，因为学生是走班上课，所以，学生在进入数学教室前先要在教室门口排起队来，数学教师收拾好教室就到教室门口，等待学生排队达标之后就放行，这时，学生依次从教师面前走过，教师收过学生手中准备好上交的作业，同时和学生互相问候，有时还表扬一下学生；下课时，教师又站到教室门口，向离开教室的学生互说再见，互相问候。

面对课堂上的违规情况（主要是学生乱说话，导致课堂混乱），教师会提醒该同学注意第几条规定，有时也进行威胁。因为没有体罚、罚站等做法，所以各校有各自的惩戒方式。在笔者跟踪观察的初中，常见的惩戒方式是这样的：学生在课堂上违规且不听劝告，教师会发给学生一张标准格式的黄色反省表，上面列出了几种常见违规现象，学生只需要标出自己是哪一种，并填写如何改进，而后上交到校长办公室；累计得到三张黄表的同学会得到一张红色反省表，而得到两张红表的同学要去与校长面谈或者列席本年级的教师工作例会。该校教师对学生的威胁主要是："你想得到一张黄色反省表吗？"

## 三、美国中学的德育导师制

大量的德育职能是由导师、家庭教室所承担的。导师和家庭教室给了中学生一种相对稳定的学校生活方式：各科教师与学生的相处时间是短的，只有一学年的时间，而导师与学生则会相处三年（初中）或者四年（高中）；各科教师所面对的是三十人的班级，而导师所面对的是十五人的小组，导师与学生之间的交往机会因而相对更多；各科教师与学生之间的交流主题是学科学习内容，而导师与学生之间的交流主题则是与人生、梦想、社会化紧密相连的主题。

从美国学者、教师和学生对导师制、家庭教室的理解来看，导师制是一种很有价值的德育安排。一般来说，导师制是学校所提供的让学生与教师近距离接触的一种制度安排，在固定的学校时间里，导师与一批学生见面，大家相互了解，并且通过各种接触、活动和项目，促进学生的特定观念、习惯和品格的养成，而这些效果，往往不是常规教学所能达到的。家庭教室是学生的个人兴趣、问题、愿望得以呈现和发展的地方，也是其团队观念得到培育和成长的地方。

导师制有如下的基本功能：①发展和保持良好的师生关系。学生可以了解教师，教师也可以了解学生。在家庭教室中，教师有机会慢慢地全面了解每一个学生。家庭教室里的师生关系与普通课堂的师生关系不同，在普通课堂，教师是出题者，学生是完成任务者。在家庭教室里，导师与学生的关系更加亲切、自然。②指导学生。指导是与个人的全面发展有关的，主要包括教育指导、个人指导、生理指导、社会性指导、道德指导、闲暇指导等。③发展社会所期望的公民理念和习惯，主要包括：个人和团队的知识、理念和态度；对本地社区和全国事务的兴趣；在家庭教室里的实践机会。④教育性地进行各种管理活动。即家庭教室里有各种管理活动，而这些活动的进行，给学生们提供了各种学习、扮演的机会，如成为小组中的主席或某一方面的负责人。

导师与学生每周都要一起讨论，讨论的主题涉及人生和社会的各个方面，主要包括：辅导小组建设、礼貌、公民指导、职业指导、爱国主义、友爱、博爱、节日庆祝、综合活动等。学校会对各周主题提供参考建议，但导师可以做出最后的选择。

辅导小组可以看作一个小社会。家庭教室的某个区域可以供本小组张贴规章、生日表、特色装饰品等。导师会和同学们一起讨论、制定本小组的章程，常见的章程包括：相互尊重、表达自己的观点、每周至少发言一次、关心同学、相互信任等。导师会将得到同学们一致认可的章程写在一张大纸上，每个同学在上面签名，而后张贴在墙上。导师还会带领学生讨论学校章程和纪律，讨论重大政治和社会事件等，引导同学们学会理性地思考各方面的问题。统计每位同学的生日，在聚会时进行简单的生日庆祝活动，也是必有的安排。

## 四、德育导师制的理论解析

笔者就中学德育导师制的相关问题求教于合作导师、美国德育研究专家戴维德·汉森（David Hansen）教授，汉森教授推荐笔者阅读一本名为《家庭教室指南》(Home Room Guidance)的书，该书出版于1946年，是作者在500多所学校实地调研的基础上完成的，内容厚实、注重实际操作性，详细分析了德育导师制(或家庭教室)的工作内容、实施原则等，对于全面把握美国多数中学的德育导师制具有较强的指导意义[1]。

## (一)德育导师的职责与工作内容

《家庭教室指南》对家庭教室进行了界定，认为家庭教室为学生与教师的良好接触提供了传统教学之外的一种方式——在固定的学校时间里，教师与一批学生见面、相互了解，通过各种活动，使学生形成特定的观念和习惯。仅通过传统教学往往达不到这样的目标。这种界定下家庭教室的含义其实就是本节所研究的德育导师制，下文将书中的家庭教室与德育导师制看作大致相等的概念，为了符合国人的阅读习惯，更多地把家庭教室看作一个地理概念。

德育导师制在美国中学教育中的全面推行，缘于社会对全面发展教育的重视。学生在学习知识的同时，还需要精神教育、健康教育、社会教育、伦理道德教育、公民教育、文明礼貌教育等。作者指出，个人生活在物理的、社会的、民族的、公民的、情感的、精神的、职业的关系中，如果没有以上方面的适当培养，则很难全面扮演其人生角色。

德育导师制将学校、教师、学生、父母、社区的兴趣既相互联系又相互协调，有助于培育重视责任与权利、具有宽广视野的理智公民。德育导师制涉及较多领域，能够达到较多目标，这方面仅靠其他的科目教学是难以达到的。作者在整理了研究者关于德育导师制的100多种目标的表述之后，将德育导师制的目标和职责概括为以下四个方面。

### 1. 发展和保持良好的师生关系

在家庭教室中，教师有机会慢慢地、全面地了解每一名学生。家庭教室的师生关系与普通课堂的师生关系不同，在普通课堂上，师生交流

---

[1] McKown Harry C.Home Room Guidance[M].New York: McGraw-Hill Book Company,inc.1946：1-98.

以知识学习为纽带，而在家庭教室中，师生交流是全面的、充满人文关怀的。

2. 指导学生

教育和指导不仅是为了帮助学生在毕业后找到一份工作，而是助力于学生的全面发展。导师的指导，更多的是对学生进行协助，尤其在解决问题和生涯规划方面。导师对学生的指导可以细分为教育指导（让学生熟悉基本的教育目标、材料和方法）、个人指导、生理指导、社会性指导、道德指导、职业指导和闲暇指导。

3. 发展社会所期望的公民理念和习惯

社会所期望的公民理念和习惯包括与民主社会有关的知识、理念和态度，对本地社区和全国事务的兴趣，家庭教室能够为学生提供发展此类理念和习惯的机会。

4. 教育性地进行各种常规管理

家庭教室设有各种管理活动，这些活动为学生提供了学习的机会，如担任主席或某一方面的负责人。

（二）德育导师制的实施原则

作者从组织管理、活动策划等方面提出了实施德育导师制的若干原则，试概括如下。

1. 制定全校德育导师制的工作计划

一个核心办公室或者委员会要制定全校德育导师制的工作计划，且工作计划要适应当地和学校的环境与具体条件。

2. 在常规学校时间进行辅导活动

辅导活动不应在课外进行，以免学生和教师对辅导活动不够重视。辅导活动应该在恰当的学校时间进行，时长 30 ～ 45 分钟较为合适。

3. 辅导活动要有适当的频率

在辅导过程中，师生不得进行其他学科的教学。师生不应因为其他缘故而缺席辅导活动，例如社团活动不应安排在这个时间段。没有特殊原因，辅导活动不能被取消或暂停。

4. 家庭教室的装扮要有吸引力

家庭教室要装扮得像家一样。必要的设备及资料（如供学生扩展阅读的书籍、彩笔、彩色纸等）应配备齐全。

5. 导师拥有组织活动的自主和自由

尽管学校有统一的计划和必要的规范，但每一个家庭教室的活动应该有其特色。辅导活动的规划应该有持续关注的要点，从细节开始，从小事做起，慢慢发展成较大的项目。不同小组之间可以相互学习，较好的活动项目应该在校内得到表彰，每个小组要定期向委员会提交活动报告。

6. 辅导活动要重视培养团队精神和独立个性

辅导小组要建立师生、同学之间的亲密关系，确认每个成员在团队活动中的责任，鼓励、期待学生履行责任。团队成员之间要学会相互欣赏，为他人提出建设性建议，同时，培养自身兴趣，自信、忠诚待人。家庭教室应该是促进每位学生的精神成长，使其成为一个完整的人的地方，而不只是让个体成为社会所认可的好成员的地方。

7. 辅导小组的成员（包括教师和学生）不宜经常变动

导师遴选要慎重。辅导小组人数不宜太多，应该限定在 35 人以内。小组的构成因素应该是自然的，就读年级、所修课程、兴趣爱好、智商分数、性别、社区等因素都要考虑，学校要依据最自然、最合适的方式来分组。小组内的学生要进行适当的分工，对干部进行培训，明确各自职责。

8. 不同年级的辅导活动不同

在该书调研写作时期，美国的学制是七至九年级为初中，十至十二年级为高中。七年级的重点是适应与调整、辅导小组建设与规程学习、中学学习适应、学校常规学习；八年级的重点是探索、职业游戏、各学科学习方式指导、品格教育、个人行动；九年级的重点是生涯选择、毕业辅导、职业信息、高中课程了解、公民实践；十年级的重点是适应与调整、了解高中要求、学习方式调整；十一年级的重点是个别问题处理、社会责任认知、职业标准；十二年级的重点是职业或学业预备、未来教育选择、公民实践、自我分析、职业面试。不同类型的活动要适当安排，如合理安排生日庆祝、纪念日、节日活动与季节性活动。

9. 辅导活动的设计要科学

每个活动要有清晰、值得期望、有针对性的目标；活动材料要适当且充分；活动要有教育性和吸引力；活动要重视学生的现实需要；在连续活动中，要回顾之前的活动；活动要发挥学生的主体作用；尽量使所有成员参与活动；活动不宜简单地照搬学校其他地方正在做的事情；活动要广泛利用来自学生、教师、导师、行政人员的资源；活动要符合时间限制；导师、干部或者成员的致辞要尽可能减少，以确保活动时间；团队精神要得到有力的培植；要建立辅导活动的评价标准；要对各位成员的工作进行适当的肯定；活动材料要很好地准备和保管；活动委员会要承担设计责任，要对所有活动过程和材料有完整的档案保存；要及时了解活动效果和学生对辅导活动的评价意见，并适当调整。

10. 导师要正确认识自身角色，积极履行职责

导师要做活动中的积极成员，而不是高高在上的教师；在面对学生时不应有私心或者偏见，这一点，在导师同时担任这些学生的课程教师时尤其需要注意；导师要得到相应的训练，以承担他们的责任。

## 五、美国中学德育与学生管理对我国的启示

### （一）重视中学教育的全面育人职责

我国中学教育的应试倾向严重，在很多地方，“小学科”课时被抢占，课外活动、社团活动仅是偶尔开展的点缀，午休变成了“午自习”，课间操时间变成了教师争抢补课的时间。某些学生变成知识容器、作业机器，同学之间恶性竞争，师生关系严重异化。考试成绩不理想的学生

没有机会展现自己的特长和风采，其归属感、自尊心无法得到满足，各种压力的逐日累积会导致学生产生心理障碍，造成师生关系紧张，引发校园内打架、跳楼等恶性事件。

新时期，我国中学教育应该进一步弘扬德育为先、能力为重、全面发展的教育理念[1]。一线教师和教育管理人员应该认识到，教育的责任不只是传递各学科的知识，更重要的是帮助学生全面发展，成为社会的有效成员。学校应该适度变革，减轻应试压力和书本知识学习任务，为学生的全面发展创造条件。

（二）为中学教师公平分配育人责任提供借鉴

我国学校一向倡导“全员育人”，然而，在实际工作中，育人责任较多地落在班主任的身上，班主任工作制度面临很多难以克服的困境：一是班主任工作制度往往成为某些任课教师忽视德育、拒绝承担德育责任的借口，“全员育人”成为空洞的口号；二是由于班主任实际承担的工作量远远超过普通任课教师，担任班主任成为教师眼中的苦差事。尽管各级教育行政部门和学校努力提高班主任津贴水平、加强班主任培训、表彰优秀班主任，但事实表明，这些做法并不能从根本上扭转班主任工作制度面临的不利局面。

相比之下，美国中学德育导师制有如下优点：第一，强调每位教师都是学生的成长导师。因为每位教师都要担任一组学生的导师，每位教师都清楚学校的德育安排，这样不仅能够促使教师对自己的小组进行指导，而且能够促使教师对自己所教的所有学生进行相应的德育渗透。第二，所有教师的工作量大致相同。在美国这种不设班主任的全员导师制度中，所有教师的工作量是大致相当的，即每位教师除了完成本学科的教学任务外，都要担任一组学生的导师。当然，如何学习和借鉴美国中学的学生管理模式，我们还需要结合中国的实际情况进行具体分析。

[1] 教育部．教育部关于全面深化课程改革落实立德树人根本任务的意见 [N]. 中国教育报，2014-06-15.

第三章

# 学生管理转型的现实审视

千里之行，始于足下。在大致明了学生管理转型的方向之后，我们需要开展系统而深入的现状审视，摸清家底，明白当下学生管理存在哪些不足，这样才能有针对性地开展创新。小学、中学的学生管理状况有其相似相通之处，又各有其学段特点，我们分学段进行了现状考察，围绕相应主题展开分析。

# 第一节　小学生管理的严苛取向及其规避

近年来，小学校园流传着一些灰色童谣，如将好端端的《上学歌》改成“太阳当空照，花儿对我笑。小鸟说早早早，你为什么背上炸药包？”尽管有些学生只是觉得好玩才这样唱，但这种改法之所以会流行，客观上折射出小学生对当下学校教育的一种抵触态度。那么，这种抵触与学生管理有没有内在联系呢？

在调研中，笔者发现，若干小学的学生管理过于严苛，极大地束缚了学生的活力、想象力、创造性和个性，并且不利于学生的规则意识生成。很多小学生对严苛的学生管理持抵触态度，不过，由于小学生易于服从、行动能力和表达能力较弱等年龄特点，过于严苛的小学生管理不会在小学阶段引发突出的矛盾，但长此以往，必然会对学生的终身可持续发展以及中华民族的伟大复兴造成深层次的阻碍。

## 一、小学生管理的严苛取向审视

尽管很多小学的办学理念以帮助小学生放飞梦想、快乐成长为关键词，但在很多情况下，小学生从进入小学校园的那一刻起，就在身体、精神和个性诸方面受到全方位的规训，四肢难以舒展，心灵无法放飞，个性更难张扬。

### （一）主静的学生管理与身体的圈禁

身处校园，小学生的坐立言行、吃喝拉撒都处于全面的监管之中，儿童好动的天性与主静的校园管理取向形成全面交锋，并且，总体而言，儿童在交锋中处于被管理、被规训的地位，其好动天性不断被磨损，最终成为校园管理的机械服从者。

教室是首要和主要的规训场所。“一二三请安静，“小眼睛看前方，小嘴巴不讲话，小耳朵认真听”，“小手放好，小脚并拢，身子坐正”之类的纪律歌在小学低年级课堂通行无阻，大行其道。无比简单的纪律歌，配上教师严肃的脸部表情、坚定而不含糊的管理者语气，以及用以表扬先进、惩罚落后的小红花、小星星，在低年级课堂管理中发挥着立竿见影的神奇魔力，能够在短短几天里把刚刚告别幼儿园的“调皮鬼”变成循规蹈矩的“好学生”。

课间十分钟也不是学生管理的盲区。为了保障校园秩序、维护学生安全，很多学校加强课间管理、走廊和楼梯管理，甚至加强了厕所管理。课间行走要靠右行，不争抢，不跑闹，可能、可以被视为无可挑剔的课间安全公约。可是，有一所学校提出要全面打造宁静的校园，规定学生在课间如无须上厕所就不得离开教室，而厕所里会有教师或者学生干部值勤，以防学生以上厕所为由外出但并不真的大小便；一位家长考虑到孩子好动，只好提醒孩子每次上厕所都不要尿完，以保证下一个课间还能合法地上厕所。

运动场是学生自由嬉戏、自在飞翔的空间吗？并非如此。有些学校以预防安全事故、维护操场设施及清洁为由，规定学生不得随便去操场玩耍；到操场去做操、上体育课，都要排队前往。“做操站队快静齐，不推不闹要牢记”，“踏步要跟节拍走，前后左右要对齐”，“下操进班要整齐，紧闭小嘴要牢记”等纪律歌告诉我们，小学生在运动场上要遵守的规矩并不比在教室里少。而且，由于学生人数众多，每个班在大课间活动中只能占用巴掌大的一块地方，原地踏步、小步跑、定点拍球等活动无不显示着学校活动空间的捉襟见肘和对儿童生命活力的压抑与束缚。

### （二）荒芜的精神世界与心灵的圈禁

对于“小学生能不能带课外书到教室去看”这一问题，一线教师有两种截然不同的观点。部分教师允许、鼓励学生带课外书到教室，希望用书籍润泽学生心田；部分教师禁止学生带课外书到教室，认为这样会导致学生分心、影响教学、引发同学之间的争抢攀比。可以想象，在后一部分教师掌管的教室里，只有教科书被允许带入教室，学生上课听教师讲教科书，下课要么玩耍、无所事事，要么主动地翻阅教科书，然而，薄薄的几本教科书，能否满足学生旺盛的求知欲，是否足以激发和调动学生“心骛八极，神游万仞”的想象力呢？

有些班级启动了“书香班级”建设，给儿童的精神成长提供了更多的养料，但其自主性、丰富性、教育性均有待拓展。

其一，教师鼓励集体阅读而不是自主阅读。以某地一所小学为例，该校将上午第一节课之前的十五分钟作为阅读时间。我们在这个时间段进入三年级的教室时，学生们正在集体朗读某出版社出版的《声律启蒙》：“楼对阁，户对窗……”是不是所有学生都对这本规定读物有兴趣？我们不得而知。

其二，校内图书少，学校对学生阅读的支持不够。很多班级设有图书角，图书由学生从家中带来，但没有更换机制，多数图书不受学生欢迎。学校图书馆开放时间有限，而且，大量图书是上级配发的，并不符合小学生的阅读能力和审美需要。还有一些学校压根就没有图书馆或者图书室。

其三，阅读的功利化现象突出，教科书仍被视为“圣经”，“课外书”地位较低。在最受小学生欢迎的图书评选中，“作文精选”名列榜首。论者认为，“国内现存的阅读测试大多与学校课程联系密切，测评的目的往往是了解学生对学校课程具体知识、技能的掌握程度”[1]，所以，学生在课堂内外的阅读内容主要是教科书选定的课文，围绕课文做题目，阅读视野不够开阔。一些教师和家长为了确保学生有掌握教材的时间和精力，不鼓励广泛的课外阅读，不支持学生阅读与考试没有直接关系的“闲书”。

[1] 马世晔.阅读素养与国家竞争力——国外阅读素养测试对我们的启示[J].教育测量与评价,2010(7):13-15.

相比阅读，各学科的统一教学内容、以熟练记忆为合格标志的教学目标、强调标准答案的教学组织形式和评价方式对学生心理和精神的影响更为深远。杜威指出，儿童生来就有要发表、要做事、要服务的天然欲望，然而，学校的教学安排却是让几十名儿童全都忙于读同样的书本，而且日复一日地准备和背诵相同的课文，几乎没有机会进行任何社会分工，没有机会让每个儿童完成一点专属于他自己的东西[1]，儿童的表达能力、创造性、社会精神的发展不可避免地受到极大的阻碍。

### （三）整齐划一的学校生活与个性的圈禁

在小学低年级，教师手里的小红花具有无穷的魔力，吸引了全体学生和家长的注意，同时，也一步一步地把小学生引入整齐划一的学校生活之中：坐姿端正，站姿标准，看黑板认真，写字漂亮，吃饭快，中午能睡着，都可能成为得到小红花的理由。教师为自己能够迅速让学生守纪律而自豪，殊不知，学生的若干个性特点都被星星点点的红花抹杀了。

整齐划一的学校生活首先将众多男孩置于不利境地。中国教育科学研究院对北京、黑龙江、江西和山东四省市 2 万名小学生家长及 2 万名小学生进行调查，调查结果显示：当前男孩在成长过程中，潜能发挥遭遇束缚，处于一种被动的教育困境中，在学习动机、课外阅读和学业成绩三个学习的核心方面，男孩的情况均比女孩差[2]。由于小学女生更倾向于配合教师，更能适应小学中以言语教学为主的教学方式，所以，女生在课堂学习和班级管理中往往优越于男生，而男生活泼好动的天性、异想天开的想象力时常受到压制。

世界上没有两片完全相同的树叶，每个孩子都是独一无二的存在，在兴趣倾向、优势特长、语言能力、表达方式、体质特点以及家庭背景等方面有着各自的特点。然而，在小红花以及考试成绩的统一指挥棒下，学生的异质性被忽视，甚至被看作不应该存在的“异端”，学生为了得

[1] [美] 杜威. 学校与社会·明日之学校 [M]. 赵祥麟，等，译. 北京：人民教育出版社，2005：143.

[2] 杨咏梅. 大数据颠覆 10 个家庭教育常识 [N]. 中国教育报，2014-12-07（4）.

到奖励、避免处分而不得不向统一标准靠拢、看齐。最终的结果是，一些性格内向、不爱表现、活泼好动的学生不断地被教师批评、纠正，本应百花争艳、异彩纷呈的校园变成程式化、统一化盛行的地方。在这里，因材施教、因势利导并不多见，更多的是削足适履；长此以往，学校是否会变成将高个子削短、将矮个子拉长的普洛客勒斯特斯魔床，笔者对此很是担忧。

## 二、小学生严苛管理的危害反思

从规范的学术研究的角度来说，要确切地判断小学阶段的严苛管理对学生成长具有哪些积极或者消极的影响，需要进行长期的跟踪研究。限于能力，笔者只能就调研过程中的感受和发现，分析严苛管理可能具有的危害。

其一，消磨学生的活力，阻碍终身可持续发展。每个孩子生来有着内在的活力，教育者的任务是给学生提供良好的成长环境，引导学生个性、认知、品格、习惯的发展，将学生的旺盛活力引向求真、向善、创美的阳光大道。然而，局促的学校物理空间，无处不在的校园规矩，极大地压制了学生的活力，让他们习惯于安静地坐着，不敢随便动，甚至为了少上厕所而不敢喝水，长此以往，势必导致小学生少年老成、未老先衰。

其二，抑制学生的精神发育，不利于创新型人才的成长。党的十八大报告提出，教育要注重培养学生的社会责任感、创新精神、实践能力。然而，知识要等教师来传授、问题是有标准答案的、教科书以外的书不允许出现在教室里等学校教育惯习极大地钳制了小学生的精神发育，使他们视学习为负担，视学校为监狱，害怕做作业，不愿意主动探索，慢慢地，也提不出有价值的问题，总体而言，不利于创新型人才的成长。

其三，抑制学生的个性，不利于各类型人才“百花齐放”。学生不是抽象的，而是具体的、独特的，学生可能是未来的华罗庚，也可能是未来的姚明、袁隆平，更有可能是优秀的农民、工人；有的学生具备成长为文学家的天赋，但并不一定能够在有标准答案的语文考试中得到高分。过于严苛的学生管理不承认学生的个性差异，必然会在不知不觉间让潜在的爱迪生、牛顿夭折，导致“万马齐喑”，使社会发展痛失无数英才。

其四，也是最突出的一点，就是不利于学生的规则意识生成，导致学生管理育人功能的迷失。学生管理是学校和教师对学生言行实施的管理，在学校工作中，学生管理兼具工具性价值和本体性价值。就工具性价值而言，学生管理能够创造安全、有序的学校环境，为其他教育工作的顺利开展创造可能；就本体性价值而言，学生管理是培养学生品德和行为习惯、促进学生道德社会化的重要机制，是学校育人工作的重要组成部分。

过于严苛的学生管理过分强调管理的工具性价值，忽视了管理的目的是培养学生的规则意识这一本体性价值。由于管理规定太过严苛，学生“交谈或交流方面的兴趣、探究的或发现的兴趣、制作或建造的兴趣和艺术表现的兴趣”[1]长期受到压制，这些内在的冲动必然会寻找别的出口，于是，有的学生学会了“人前一套，人后一套”，学会了浑水摸鱼，同学之间学会了互相包庇。还有的学生因为习惯于服从、逆来顺受而养成某种程度的奴性人格，不能真正学会管理自己和互相管理。这些都会给学生的未来成长、国民素质的整体提升以至中华民族的伟大复兴带来深层障碍。

## 三、小学生严苛管理的成因分析

其一，一个容易被忽视的原因是各地普遍存在的大班额现象。大班额被教师们视为严苛管理的首要诱因。在中部地区的很多城市，每班学生人数超过五十是常有的事，部分县城通行的班额是六十多名学生一个班，且全校没有一间空余教室可以用来作为功能教室。调研发现，班级

[1] [美]杜威，学校与社会·明日之学校[M].赵祥麟，等，译.北京：人民教育出版社，2005：47.

规模大小与学生管理的严格程度往往成正比。一位教师说："我的班上有六十八名学生，只有严一点，凶一点，才能让学生听话，减少麻烦。"教师们认为，如果班上学生少一点，全校学生少一些，学生的自主活动空间就会变大，相互之间的冲撞就会少很多，自然就不用提出太多要求了。

其二，脱离儿童的生活经验、无视儿童兴趣的教学方式容易导致对严格纪律的依赖。杜威指出，在传统学校中，学生被看成是被动的[1]，学校以内的教学与学校以外的生活是完全脱节的，学生"完全不能把在校外获得的经验完整地、自由地在校内利用；同时另一方面，他在日常生活中又不能应用在学校学习的东西"[2]。这样的教学对学生缺少吸引力，不得不依赖于"吃苦药加糖"的严格纪律，一方面滥用学生的畏惧（包括畏惧身体层面的疼痛，畏惧失去别人的称赞，或畏惧失败），另一方面滥用竞赛和竞争[3]，以发放小红花、张贴小红旗、担任学生干部等来诱导学生学习原本枯燥无味的内容，表现对教师的服从，争做听话的"好孩子"。

其三，学校推行的班级德育常规量化考核诱导教师们为了个人荣誉而竞相加强班级管理。几乎所有学校都在推行班级德育常规量化考核，每天，学校值班领导和高年级同学代表会对各班同学的着装、教室卫生、课堂纪律、午餐及午休情况等进行检查，累计成绩优秀的班级获得荣誉称号，教师因而获得奖金或者某种荣誉（如获得评优资格）；累计成绩较低的班级被通报批评，教师因而受罚或者被剥夺评优资格。这种"日日有考核、周周有评比、月月有表彰"的量化考核，迫使一些教师放弃让学生拥有更大自主空间的念头，纷纷使出狠招，确保不扣分或者少扣

[1] [美]杜威，学校与社会·明日之学校 [M]. 赵祥麟，等，译 . 北京 : 人民教育出版社 ,2005: 40.

[2] [美]杜威，学校与社会·明日之学校 [M]. 赵祥麟，等，译 . 北京 : 人民教育出版社 ,2005: 58.

[3] [美]杜威，学校与社会·明日之学校 [M]. 赵祥麟，等，译 . 北京 : 人民教育出版社 ,2005: 144.

分。

其四，教师权威的滥用和无序张扬，容易导致学生管理严苛的问题。中国社会浓厚的尊师重教传统赋予教师在学生管理方面的权威地位。多数情况下，班级管理成为小学班主任的“自留地”，制定怎样的班规、禁止出现哪些行为、对违纪学生实施怎样的处分，都由班主任说了算。一些教师以严格著称，在新生入学时就发布班规，要求家长和学生记熟，动不动就告诉家长和学生“完不成作业就不要来学校上课”，“不购买指定校服你就转班吧”。俗话说“人在屋檐下，怎能不低头”，在教师的威慑下，学生和家长多数选择顺从，而这种顺从会进一步纵容某些师德素养不佳、德育素养缺乏的教师实施更为严苛的班级管理。

其五，学生管理严苛，还可能与小学教师队伍“阴盛阳衰”有关。在随堂听课中，我们发现，男教师对学生言行的容忍程度更高，教学方式更为幽默、有趣，然而，几乎所有的班主任都是女教师，她们对秩序的要求更高，更喜欢乖巧听话的学生。当然，笔者并不认为教师性别差异是学生管理好坏的决定性因素。在调研中，我们也发现一些德育素养较高的女教师具有很强的亲和力，注重关心和爱护学生，鼓励学生个性化成长。

## 四、学生管理严苛的规避路径

“小学讲共产主义，中学讲社会主义，大学讲行为规范”的不合理现象提醒我们，在学校教育的起步阶段，并不是对学生提出的言行标准越高越好、越严越好，而是要尊重品德成长规律，基于对儿童天性的尊重、理解、等待，慢慢引导，逐步提高学生的道德认知水平和行为自律能力。小学阶段严苛的学生管理恰恰违背了品德发展规律，亟须引起重视，并得到遏制。

其一，要从立德树人的高度来审视班级规模，以立法形式确立各学段班级规模上限。传统教育思维将教学看作知识授受的过程，认为上课就是“教师讲，学生听”，纵容大班额。建构主义教育思维提醒我们，学生的知识、能力、品格都是在学生与环境的互动过程中逐步建构和生成的，班级规模过大，必然减少师生互动机会，加重教学组织难度，使各种现代教学方式和德育理念无从落实。鉴于各地班级规模长期居高不下的现实，政府有必要以立法形式进行强制规范，督促和支持学校遵照教育规律办教育。此外，政府还要支持开展班级规模领域的规范研究，确定不同学段班级规模的科学标准。

其二，积极推进教学方式改革，尊重儿童兴趣，实施以学生为中心的教育。杜威指出，现代教育要发生“重心的转移”：儿童变成太阳，教育的各种措施围绕着这个中心放置，儿童是中心，教育的各种措施围绕着他们而组织起来[1]。学生生来有着旺盛的求知欲，当教学紧密联系学生生活实际的时候，这种求知欲会迸发出来，学生愿意学习，愿意进行自主探索，能够提出自己的规章，并对违规者做出合理的惩罚。这种纪律，是在儿童的活动中自然生成的，是儿童自由尝试的产物，是儿童自己的纪律，与过于严苛的管理规章有着天壤之别。

其三，实施有效的教师培训，提升全体教师的德育素养。学校管理干部和全体教师要转变德育和学生管理观念，接触、领会、掌握符合民主时代特点和社会发展要求的德育理念和学生管理模式，学会通过寓教于乐、平易近人、具有亲和力的方式来实施学生管理，学会倾听学生观点，学会与学生、家长平等沟通，逐步引导学生形成现代公民所应具备的自我管理能力。教师德育素养的提升，不应仅仅依赖理论学习，更要创新教师培训方式，注重实践演练、研讨互动、行动研究[2]。

其四，依据《义务教育学校管理标准》规范学生管理，开展多方对话、民主协商，共同制定校规、班规，确立校规的审核和公开制度。当前我国要加强现代学校制度建设，就改进学生管理而言，要建立家长代表、学生代表、社会和利益相关者参与相关规章制定的常规机制。基于多方

[1] ［美］杜威．学校与社会·明日之学校 [M]. 赵祥麟，等，译．北京：人民教育出版社，2005：41.

[2] 檀传宝．德育教师的专业化与教师的德育专业化 [J]. 教育研究，2007(4):32–34.

对话，学生成长规律和基本权益可以得到较充分的表达，校规和班规可以变得更加公正、合理。同时，校规和班规要及时上报，定期公开，加强监管，以有效遏制教师权威的滥用。英国教育部规定，校长必须公开发布本校的行为准则，每年至少一次以书面形式通知教师、家长和学生[1]。这一规定，对于中小学校落实依法治校有着重要意义，值得我国借鉴。

为了保护并培养儿童的创造力，陶行知倡导教育要实施六大解放：解放儿童的头脑，使之能想；解放儿童的双手，使之能干；解放儿童的眼睛，使之能看；解放儿童的嘴，使之能说；解放儿童的空间，使之能接触大自然和大社会；解放儿童的时间，不逼迫他们赶考，使之能学习自己渴望学习的东西[2]。巴西教育家保罗・弗莱雷也大力倡导解放教育，主张民主管理、对话教学，发展学生的独立个性和批判性思维[3]。步入教育改革的深水区，我们有必要反思小学生管理惯习，克服过于严苛的学生管理倾向，使学生管理更加自由、更加平等，更有助于学生自主自律，从而培养一代具有发达的规则意识和健全人格、独立个性和自律品质的创新型公民。

## 第二节　中学生管理中的教师惩戒与学生权益

德育、学生管理与规则有着不解之缘。道德是处理人与人、人与社会关系的规则，德育对品德的培养最终要落细到培育某种规则意识。学生管理是对学生言行的管理，这种管理必然要依据特定的规则，这种规

[1]　Department for Education. Behaviour and discipline in schools: Advice for headteachers and school staff [ OL ] .2014-03-17[2016-02-10]. https://www.gov.uk/government/uploads/system/uploads/attachment_data/file/277894/Behaviour_and_Discipline_in_Schools_-a_guide_for_headteachers_and_school_staff.pdf.

[2]　陶行知 . 中国教育改造 [M]. 北京 : 商务印书馆 ,2014:261.

[3]　黄志成 . 试论弗莱雷解放教育理想的现实意义 [J]. 外国教育研究 ,2003(7):1-6.

则首先是学校的学生管理规则。当前我国中小学校的学生管理规章领域存在一些乱象，一方面是一些学校的校规未考虑学生合法权益，不时引发社会各界的热议或嘲讽；另一方面则是很多学校的校规缺少合法合理的惩戒规定，导致学生管理软弱无力。可见，要理清楚中国校规问题，需要进行全盘检视，系统思考。

客观来说，“校规”并不是一个规范的概念，既不指学校制定的所有规章，也不指关于学校的所有规章，而是指学校执行的学生管理规章。笔者认为，当前我国中小学校的学生管理规章乱象的解决之道，在于平衡一对关系，即赋予教师的教育惩戒权和保障学生的合法权益之间的关系。

## 一、惩戒权缺位引发的校园管理困局

在面对师生冲突、家校纠纷等现象时，学校、教师在一定程度上成为“弱势群体”，公众舆论往往倾向于指责学校侵犯学生权益。然而，问题的另一面更值得引起重视。当前，我国学生管理领域问题重重，学生厌学、在校园内打群架、欺负弱小等事件时有发生，甚至出现弑师惨剧。很多教师说现在的学生“管不了”（学生拒不遵守规章）、“管不起”（学生受了批评就跳楼）、“管不得”（媒体批评教师采取的处分措施侵犯了学生的受教育权）。长此以往的结果是，学校教育教学秩序难以得到保障，广大学生的受教育权益也无法充分实现。

在对国内一些初中学校的调研中，我们了解到这样的例子：

初中生王某数日不到学校上课，教师多次联系家长，并上门劝告。某天，王某理直气壮地来到学校上课，教师只能允许他进入课堂，对他进行简单的批评，而没有权利禁止他进入教室。

初中生孙某经常扰乱课堂秩序，包括在上课时干扰同学，甚至辱骂教师。教师对他只能批评，不能采取任何惩罚措施，因为这样做会被认为是侵犯学生的受教育权。

初中生张某携带刀具到校，学校只能没收其刀具，进行批评教育。

如果张某将刀具藏在书包中，学校甚至无权搜查，而这将给师生安全留下隐患。

以上例子足以显示惩戒权缺位、惩戒程序设置不周全给学生管理带来的困扰。鉴于这种情况，很多一线教师反映，他们对于学生的严重违纪行为只能睁只眼闭只眼。而这种放任不管的做法，看似没有侵犯这些违纪学生的受教育权，实则有不作为的嫌疑，不仅严重损害了学校教育质量，也会对违纪学生及其他同学的受教育权益造成消极影响。

造成惩戒权缺位的重要原因是各项教育法规对惩戒权缺乏明确界定。我国《教育法》规定，学校及其他教育机构有权“对受教育者进行学籍管理，实施奖励或者处分”。《义务教育法》规定，“教师应当尊重学生的人格，不得歧视学生，不得对学生实施体罚、变相体罚或者其他侮辱人格尊严的行为，不得侵犯学生合法权益”，“对违反学校管理制度的学生，学校应当予以批评教育，不得开除”。《教师法》规定教师有权“指导学生的学习和发展，评定学生的品行和学业成绩”，同时教师应当“关心、爱护全体学生，尊重学生人格”。《中小学班主任工作规定》规定“班主任在日常教育教学管理中，有采取适当方式对学生进行批评教育的权利”。

以上所述是现有教育法规中与教师惩戒权直接相关的所有条文。细读这些条文，我们可以发现学生权益“压倒”学校和教师惩戒权的情况比较明显。法规虽然规定了教师对学生成长拥有指导权、评定权，班主任拥有批评教育权，但是面对学生的严重违纪行为，指导、评定或者批评教育似乎威慑力度不大。从国家层面讲，教育部虽然颁布了《中小学生守则》及日常行为规范，然而对于学生违反规范之后应该受到怎样的处分却只字未提；从学校个体来讲，众多学校都有学生管理规定，但对于学生的违规行为，要么没有应对之策，要么只有扣分等相对乏力的措施。涂尔干指出：“为纪律赋予权威的，并不是惩罚；而防止纪律丧失权威的，却是惩罚”[1]，假如对学生言行的具体要求没有对违反要求的

[1] [法]涂尔干.道德教育[M].陈光金，译.上海：上海人民出版社,2000：162.

行为会得到怎样的否定性后果进行规定，这种学生管理规定又将如何确立其权威性，如何保障学校教育教学秩序呢?

## 二、忽视学生合法权益的事件普遍存在

换一个角度看问题，学生管理规定中又不断地出现学校“乱作为”侵犯学生权益的问题。有网民收集了若干所高中的“雷人”校规，如规定女生不能留长头发，学生要按照规定时间上厕所，生日不能跟同学一起过等。这些规定被曝光之后，学校的反应一般都是尽快修订相关条目。然而，这些“雷人”校规出台的背后所折射出的深层次问题——学生合法权益在学生管理中没有得到相应保障的问题——并没有引起足够的重视，更没有得到妥善解决。这些情况，在不属于义务教育的高中更容易出现。

首先，对于学生享有哪些合法权益，没有进行清晰的阐释。女生留长发、学生如厕时间等问题涉及学生合法权益的具体内容。这些权益并不直接指向参加学校计划内活动、获得奖助学金等在内的受教育权，而是学生作为一个普通公民所拥有的人身权、表达自由权、财产权等在学校范围内的体现。迄今为止，我国教育法规对此缺少明确界定，因而一些学校出台的管理办法很容易“越线”，侵犯学生的合法权益。

其次，学生及家长在学生管理过程中处于比较被动的地位。一些学校没有明确的学生管理办法，教师如何管理学生，完全由校方说了算，学生只能默默承受。即使受到了体罚，也可能迫于种种担忧而不敢向家长和外界反映。还有的学校经常变更学生管理规定，这些规定既不征求学生及家长意见，也不经过教育行政部门审批，出台之后，学生就要无条件服从。更有甚者，学生在受到处分之后，根本没有辩解、申诉的机会。尽管我国《教育法》明确规定，学生享有“对学校给予的处分不服向有关部门提出申诉，对学校、教师侵犯其人身权、财产权等合法权益，提出申诉或者依法提起诉讼”的权利，然而，在实践中，针对学生权益的救济观念和相应制度是缺位的，学生很难通过正规渠道维护自己的权益。

## 三、基于纽约教育局学生管理规定的国际比较

笔者赴美访学期间，对纽约的中小学生管理问题进行了较全面的调查研究。研究发现，美国联邦法律很少直接涉及学生管理问题，但各州、市有相对健全的学生管理规定，比如纽约市教育局颁布并持续修订的《纽约市纪律准则及学生权利和责任法案（幼稚园至12年级）》（又称《全市干预及纪律措施标准》，以下简称《纪律准则》），就体现了该市教育领域对学生管理的总体设计。纵观各种规定，国外的学生管理有如下特点。

学生管理规定专注于维护学校教育教学秩序的底线，不提过高要求。阅读纽约及美国其他城市的学生管理规定，我们可以发现，这些规定专注于如下内容：要求学生按时出勤，按时、独立完成作业并按时上交，确保学生对教师劳动的尊重，确保教学秩序；禁止学生携带违禁品进入校园，确保校园秩序；禁止学生携带武器进入校园，确保所有师生的人身安全和校园安全；禁止学生穿着暴露等。同时，学生管理规定一般仅规定学生在校园内或者参加学校组织的活动时的言行，除非有证据证明学生的校外行为对其他学生、教师或学校教育活动造成了不利的影响，否则对于学生在家庭和社区中的行为一般不做规定。尊重教师劳动、维护教学秩序、确保学校安全，是学生管理的底线。

在加强学生管理的同时，注重做好对学生权益的保护。纽约市教育局所制定的《纪律准则》将尊重学生权益放在首位。文件首先详细地列举了学生在学校期间所享有的各种权利（如受到尊重的权利、在入学时得到学校和教育局各项管理规定的书面材料的权利）以及相关权利的援助手段，后面才列举学生所应承担的责任和应履行的义务。美国各学校的学生管理规定均采用这种方式，一方面表明了对学生权益的尊重和保障，实现了权责均衡；另一方面易于赢得学生和家长的好感和认同，减少学生管理可能遇到的阻碍。

同时，学生管理中的若干规定，如对违禁品的零容忍政策，乍看起

来是对学生行为的限制，实则是为了保障全体学生的安全，确保安全有序的校园环境。

对于学生违反管理规定的行为，依据情节轻重给予相应处分。《纪律准则》要求学生对其行为负责，指出学校教职员有责任处理学生扰乱学习的不当行为。文件将学生的不当行为分为五类：不合作或不遵守行为、不守纪律的行为、扰乱秩序的行为、攻击性或伤人及有害行为、极危险或暴力行为。对于不同行为，教师可以实施严格程度由轻到重的各种处分，具体包括：口头提醒、离开当前情境、去校长办公室吃午饭、课外活动时间待在室内、其他特权的剥夺、参加冲突解决技巧的辅导、书面或者口头的道歉、告知家长、与校长会谈、签订行为改正合同、在校长办公室等地接受校内停学处分、校外停学等。

对屡教不改的学生,《纪律准则》规定可以采取更加严厉的责任措施。若学生发生严重扰乱教学秩序或严重影响教师的课堂权威的行为，教师可以将学生逐出课堂，为期 1 ～ 4 天；如果学生多次发生足以导致被教师逐出课堂的行为，教师必须报告校长以勒令其停学。如果学生的行为对学生本人、其他学生或学校人员有明显且即时的人身伤害危险，或妨碍课堂或其他学校活动的秩序，校长有权勒令学生停学 1 ～ 5 天，而学监可以勒令学生停学 5 天以上。如果校长认为某个学生因学习或行为问题而不适合继续接受普通教育，而且该生能受益于转学或在别的地方接受适当的教育，则校长可以提出强制转学。

对学生的处分遵循严格而细致的程序，以切实保护学生和家长的权益。虽然《纪律准则》规定教师有权处分学生，但当学生正在接受某种处分时，学校及相关机构要努力确保学生的受教育权益。纽约市教育局规定，如果教师将学生逐出教室，学校必须为学生安排包括课堂作业和家庭作业在内的替代性质的教育服务；校长、学监分别有权对学生处以时间不等的停学，而家长可以对停学处分提出听证或诉讼。在对学校的走访中，我们了解到，被逐出课堂的学生不会在走廊站着，而是到德育主任办公室报到，与德育主任谈话或围坐在桌旁学习相关文件，或进行反省、自学等活动。被实施停学的学生必须每天到社区辅导中心报到，参加那里免费且有针对性的教育辅导项目[1]。

值得注意的是，《纪律准则》是纽约各校实施学生管理的指南，但并不能取代各校的具体规定。该文件提出了学生管理的基本原则，但学校和教师不必也不能死板地照搬该文件，而是要依据本校和本班的实际情况，确定学校和教室的管理细则，因地制宜地实施学生管理。就这一点而言,《纪律准则》既从教育法层面将学生管理权明确赋予教师和校长，又保障了学校的自主权和校长、教师的专业权威。

## 四、平衡教师惩戒权与学生权益的优化建议

详读《纪律准则》文本，笔者认为该文件内容全面，表述合理，美国纽约教育局的经验对平衡我国教师惩戒权与学生合法权益之间的关系，优化我国学生管理的规章制度具有较强的借鉴意义。

首先，相关规章政策应该细致规定学校和教师在管教学生时如何执行惩戒权。

教育实践中的惩戒权缺位，已经成为我国教育法制建设不得不重视的问题。美国及其他国家的规定和做法提示我们，为了确保教育工作的正常开展，保障教师和全体学生的权益，对违规学生实施一定的惩戒是必要的，而且只要程序得当、程度适宜，即是合理、合法的。教师有权把扰乱课堂的学生请出教室，只是该学生在被请出教室后，应该被政教主任或者其他教师请到另一间教室，在那里接受辅导教育；而且教师要将这一事件写入家校联系册，或者以其他形式告知家长。教师或校长有权拒绝学生进入校园，但该生应被请到社区辅导站，在那里得到更有针

[1] Department of Education. Citywide behavioral expectations[EB/OL].2013.http://schools.nyc.gov/NR/rdonlyres/9E2A4768-4FEB-4A9D-A1B1-1D5AD429FC3C/0/DiscCodeCondType2013_Chinese.pdf.

对性的特殊教育。我们认为，这些思虑更为周全的教育惩戒形式，可以较好地解决一些薄弱学校的纪律松弛问题。

其次，学生管理要凸显人文关怀，将保护学生权益置于首要和重要的位置。

纽约市教育局发布的《纪律准则》与我国各级各类学生管理规定的重要不同之处在于，该文件将尊重学生、保障学生权益置于突出位置。该文件认为实施学生管理是促进学生成长的必要举措；在具体论及学生管理时，首先描述学生所享有的各项权利，而后才描述学生所要承担的责任；在对学生执行处分时，充分提供学生权益的援助服务，安排合理的程序让学生及家长有渠道进行维权。这些与当前社会崇尚民主、注重维权的思潮一致。参考该《纪律准则》，我国的学生管理规定可以表述得更细致一些，说理更周详一些，全面而均衡地分析学生的权利和责任。

最后，学生管理要融入德育课程，坚持育人为本，支持为主，惩戒为辅。

在我国的很多学校，学生管理被简化为考勤、扣分乃至罚站、罚钱，众多中小学生迫于规训、惩罚的压力而做出“乖学生”的样子，但并不理解为什么要讲究公共卫生，为什么要勤奋学习，为什么要与人为善。于是，我们看到，学生人前一个样，人后一个样，成为“两面派”。而且学生年龄越大，对各项规定的反抗越强烈，以致出现在小学阶段讲共产主义、中学阶段讲社会主义、大学生则要从文明礼仪从头学起的怪象。这些问题的出现，与我国学生管理中育人与规训本末倒置不无关系。

纽约市颁布的《纪律准则》强调建立融社会学习课程、社团活动、导师辅导、纪律惩戒为一体的学生管理体系，促使学生在发展正面的社交行为时不仅“知其然”，而且“知其所以然”，成长为自律的公民。即使对于正在或曾经接受处分的学生，学校也必须安排相应的辅导，帮助学生以正确的方式与人交往，融入集体。这启示我们要将学生常规管理与德育课程等相结合，在学生管理中开展更多的说理、动情、导行等支持性、指导性工作，促使学生成长为道德自律者。

综合而言，我国的学生管理应该借鉴古今中外先进的管理智慧，做好管理中的程序设计，保障学生、教师双方的合法权益，重视管理制度的与时俱进，使学生管理成为促进学生健康成长的有机组成部分。

## 第三节　选课走班背景下的学生管理创新契机

随着高考新政推行和《普通高中课程方案（2017 年版）》的出台，选课走班教学迅速在以上海、浙江为先锋的各地高中普及开来。在实践中，有学校和研究者认为，选课走班冲击了传统的学生管理格局，导致班主任作用弱化、集体荣誉感和团队归属感削弱、行政班与教学班交汇地带形成管理真空等问题[1]。基于理论审视和国际观察，笔者认为，传统学生管理模式的瓦解，恰好为新型学生管理模式“浴火重生”提供了可能；选课走班孕育着学生管理创新的契机，如能理性把握，我国学生管理有望旧貌换新颜，实现具有历史意义的转型。

### 一、行政班教学背景下的学生管理模式审视

尽管“班主任荒”现象在各地广泛存在，尽管对以全面监控、严格规训为特征的学生管理方式的批评在改革开放全过程中从未停止，可是，一旦教育改革进入到“行政班的取消和班主任的消失”[2] 的深水区时，很多人却极力维护、挽救备受批评的传统学生管理模式。这说明，寻求确定性，是人在变动不居的世界之中的必然冲动；传统学生管理模式满足了教育者对确定性的期盼，为教育者提供了某种意义上的舒适地带。那么，行政班教学背景下的学生管理模式究竟存在哪些问题呢？

[1]　冯成火．高考新政下高中课改的评价、问题与策略 [J]. 教育研究，2017(2)：123-131.

[2]　李希贵．后行政班时代的教育追求 [N]. 中国教育报，2013-09-11(005).

### （一）分工格局失衡：班主任“准全责”，任课教师“只教书不育人”

班主任工作制度是我国学校普遍推行的学生管理分工制度，即每班设立一名班主任，班主任除承担学科教学外统管班级管理、思想政治教育、学生安全、集体活动组织、家校沟通等事务。班主任工作异常繁杂苦累，极其挑战体力和智慧。一是工作时间长。多数学校明确要求班主任从学生早上到校到晚上离校（寄宿制学校则是从学生早上起床早操到晚上熄灯就寝）一直待在学校；为了应对突发事件，班主任的手机要24小时开机。二是负责事务多。在早读、晚自习、班级卫生、心理辅导、家访等各项工作中，班主任永远走在最前面，即使在任课教师教学过程中班级秩序出现混乱，班主任也有义务到场处理。三是心理压力大。作为中国社会中权力最小的主任，班主任“权力丁点小、责任无限大”[1]是不争的事实。一位校长在班主任会议上关于暑期安全工作的强调可以作为例证，他说：“教育局跟校长签了军令状，哪所学校的学生暑期发生了安全事故，教育局就直接追究这个校长的责任。我也要跟每位班主任签军令状，哪个班的学生出了问题，我就直接追究班主任的责任。”[2]这样的说法，让身处现场的笔者感受到班主任难以承受的工作负荷与心理压力。

相比班主任，不担任班主任的教师只需完成本学科教学任务即可被视为合格。他们到校晚、离校早，很多任课教师尽可能地把教室卫生、校园秩序、学生安全等各种“杂事”推给班主任。在访谈中，有学生这样说：“如果在校园里乱丢垃圾被班主任看到了，就会很惨（被扣分或者严厉批评）；如果只是被任课教师看到，基本上没事，有的教师会象征性地批评两句，有的教师看到了就像没看到。”有的学校还会出现这样的情况：任课教师上课时不能很好地维持课堂纪律，回到办公室向班主任投诉：“你们班的秩序太差了，别的班比你们班好多了。”[3]久而久之，

[1] 笔者校园访谈记录，2015-06-10.
[2] 笔者校园访谈记录，2015-06-10.
[3] 笔者校园访谈记录，2015-06-10.

班主任俨然成为学生管理工作的唯一责任人。

### （二）实施方式粗暴：班主任官方权威独大，学生被动服从

在家长和学生眼里，被迫承担几乎全部学生管理责任的班主任也是一个独揽学生管理大权的人，是一个让人害怕的人物。“在行政班教学时，班集体建设很自然是班主任的事”，班主任把行政班的氛围建设好，“然后再请学科教师去教学”[1]。中学划拨给班主任的学生管理时间极其有限，班主任要胜任岗位要求，不得不采取一些简单粗暴、立竿见影的管理方式，有的“挥舞大棒，一顿乱打”，有的滥用奖励，引君入瓮，有的鼓励学生告密，最终塑造了“一批又一批看上去规规矩矩的学生”，至于学生“内心想的到底是什么，却很少有人追问”[2]。

这一点，可以用韦伯的权威理论进行解释。韦伯将权威归纳为三种类型，即传统型权威、感召力权威和法理型权威，其中，传统型权威源于传统的神圣性；感召力权威源于人们对卓越的神圣者、英雄或者具有典范品质的人以及由他所揭示或制定的规范模式的热爱；法理型权威可以分为两个层面，首先是官方的或法定的权威，其次是专业的权威[3]。班主任掌握着座位编排、班干部选派、班规制定以及评选优秀等法定权力，对学生而言，班主任手中有威武的管理大棒，学生只有乖乖就范，才能保全自己。因而，对于班主任的要求，学生“理解的要服从，不理解的也要服从”成为常事。

### （三）功能定位偏差：沦为教学附庸，迷失育人本位

“管理就其属性来说，是为了促进学生发展”[4]，这意味着教师在学生管理过程中要了解学生的发展现状和发展倾向，支持学生在合乎个人兴趣和社会需要的方向上走向其最近发展区。然而，高中是应试教育的

[1] 周彬．高中走班教学：问题、路径与保障机制 [J]. 课程教材教法，2018(1)：54–59.
[2] 李希贵．后行政班时代的教育追求 [N]. 中国教育报，2013-9-11(005).
[3] Gerth H H. From Max Weber: Essays in Sociology[M].Oxford: Oxford University Press, 1946: 78–79.
[4] 朱旭东，李育球．论班主任的学生发展知识建构能力 [J]. 教育科学研究，2018(6)：30–34.

重灾区，每位教师的教学任务异常繁重，争分夺秒、三点一线是高中生校园生活的常态。这样的校园生态对传统学生管理模式的影响是：一方面，学校将学生管理的功能理解成“为教学保驾护航”，不愿意细致入微、费时费力地对学生开展晓之以理、动之以情的系统引导；另一方面，学校制定严苛校规，用统一标准管束学生，“构筑起了一个学生成长的样式，将那些千姿百态的学生一一地嵌进去”[1]，高中校规及学生管理方式的合法性、合理性、程序正义性等均存在很多疑点，然而，学生必须服从，学生管理蜕变为蛮不讲理的“管制”。

于是，学生管理背离了“促进学生发展”的育人本位。学生管理被“不得”“不准”等否定性条款所主导，缺少对学生个性化成长的倡导、鼓励和尊重，学生兴趣、个性甚至人格尊严被迫屈从于应试的大棒，其实践能力、创新精神、社会责任感均随之而磨损。借鉴杜威的观点，这种学生管理方式荒谬地压抑、否定了学生的发展，“说禁止比能力重要，这是无异于说死比生更重要，否定比肯定更重要，牺牲比服务更重要”[2]。同时，它还扭曲了学生的成长方向：一是无限度地挖潜带来“揠苗助长”一般的后遗症，戕害学生的主动性和活力；二是高频度地刷题、考试持续调动学生与同学竞争的个人主义动机，诱使学生成长为精致的利己主义者而非乐于承担社会发展责任的公民；三是学生在学校里养成了对权威者无原则服从的习惯，而“儿童的这种要别人管理的共同习惯，可能成为公民受政治首领专断统治的成人社会中的邪恶状况的基础”[3]。

毋庸置疑，改革开放四十多年以来，中国学校教育系统为社会发展培养了一批又一批的各类人才，传统学生管理模式在此过程中做出了一定贡献；然而，其不足之处也是不应回避的。在新的历史时期，我们有责任呼唤、推动学生管理创新，落实管理育人，使学生管理更好地服务于德智体美劳全面发展的建设人才的成长。

[1] 李希贵．后行政班时代的教育追求[N]. 中国教育报，2013-9-11(005).
[2] [美]杜威．学校与社会[M]. 赵祥麟，等，译．北京：人民教育出版社，2005:156.
[3] [美]杜威．学校与社会[M]. 赵祥麟，等，译．北京：人民教育出版社，2005:135.

## 二、选课走班教学背景下的学生管理创新契机分析

选课走班教学传递了尊重学生兴趣、促进个性化发展的教育理念，冲击了以行政班为单位的教学格局，也将提升每位教师的教学组织和学生管理能力这一严峻任务摆到了教师教育机构、学校管理者和全体教师面前。这是一场典型的破旧立新的改革，它使原本如铁板一样的传统学生管理体系离散开来，为新型学生管理模式的萌生和扩展提供了丰富可能。

### （一）功能定位创新契机：回归育人本位，走向教育性学生管理

选课走班教学是促进学生全面而有个性的发展的一次突围。学生选课的实质是增加课程的选择性，使课程门类、教学内容（含教学主题、教学进度、教学难度等）与差异化的学生兴趣爱好、学习能力、生涯规划相匹配，有助于满足不同学生的成长需求。学生走班的实质是建设学科专用教室，使各学科教师可以“按照学科学习的需要配置资源，依据学科学习的规律装点环境”，构建自然平衡而和谐的学习生态，让学生能够手脑并用，使学习变得生机盎然[1]。以上简要分析说明选课走班符合学习规律和个体成长规律，这既是选课走班在欧美发达国家成为中学教育常态的根本原因，也是我国强力打破行政班教学惯习、倡导推行选课走班的合法性依据。

选课走班使学生拥有了课程选择权，改变了“用一把尺子衡量所有学生”的人才考选逻辑，让尊重差异、鼓励个性发展的理念扎根于校园。这种理念意味着学生拥有自主构建合乎个性特点的校园生活的权利，拥有自主规划人生道路及职业生涯的权利，使学生面临众多关键性的生命自觉课题：我对未来生活的期望是什么？我希望进入哪些领域，从事何种职业？我要如何进行当下和未来的各种选择？……不论是课程门类的选择，还是学生走班带来的班主任监管弱化及管理真空，都要求学生慢慢成长为独立自觉的主体，与此相适应的学生管理必须支持学生的独立思考、自主抉择和自律行动，以促进学生发展为宗旨的教育性学生管理

[1] 李希贵 . 后行政班时代的教育追求 [N]. 中国教育报 ,2013-09-11(005).

终将取代以消除学生违规为首位目标的压制性学生管理。

### （二）分工格局创新契机：落实全员育人，公平分配学生管理责任

教书育人是每位教师的基本职责，全员育人是值得期待的德育和学生管理状态。《中小学班主任工作规定》指出："班主任是中小学日常思想道德教育和学生管理工作的主要实施者，是中小学生健康成长的引领者，班主任要努力成为中小学生的人生导师。"实施者、引领者和人生导师这三个角色适用于全体教师，担任班主任的教师与其他教师的区别仅体现在"主要"这个限定词，可见，把德育和学生管理责任悉数推到班主任身上缺少合理性。

依据现实状况，我们可以发现，班主任制存在自身难以克服的缺陷，亟待纠正，如它在一定程度上制造了教师队伍中"德育教师"与"非德育教师"的分化，给班主任带来了沉重的心理压力，纵容了一些任课教师"对学生的基本情况不了解"[1]、不能独立实施有效课堂管理等问题。当前，选课走班向所有教师提出了走近并了解学生、独立开展学科教室常规管理、建立具有认同感和归属感的教学班集体[2]等现实任务，淡化行政班、取消班主任、优化学生管理分工格局、落实全员育人势在必行。正如有学者指出，"在现代学校中，关于学生行为管理与指导责任制度有不同的选择"[3]；班主任制度既有"来龙"便必有"去脉"，北京十一学校等校的探索显示，我们可能已经走到了告别这一制度安排的时候[4]。

### （三）实施方式创新契机：师生平等对话，基于理性认同谋求管理实效

李希贵以一位教师的实例说明选课走班背景下学生管理方式创新的挑战与可能：该教师做班主任时，与学生的谈话一般 15 分钟就能解决

---

[1] 周彬．高中走班教学：问题、路径与保障机制 [J]. 课程教材教法 ,2018(1):54–59.

[2] 周彬．高中走班教学：问题、路径与保障机制 [J]. 课程教材教法 ,2018(1):54–59.

[3] 陈桂生．班主任制 [J]. 上海教育科研 ,2007(11):4–6.

[4] 杜时忠．班主任制走向何方 [J]. 教育学术月刊 ,2016(11):3–10.

问题；选课走班后，他与一位同学整整谈了一个下午，还是没有多大效果；几天后，他与学生再一次谈心时，他首先就上次谈话方式不够平等向学生道歉，赢得了学生的尊重，“顷刻间，师生间有了一条通往融通的道路”[1]。这个例子形象地指出，选课走班背景下，班主任角色所赋予的专断性官方权威被消解，学生不必为了保全自己而假扮乖孩子；教师必须发挥感召力权威和专业权威，与学生平等对话，赢得学生对校纪班规的理性认同。

从学理层面来说，培养学生的理性认同，是更合理、更有效的学生管理方式。道德认知发展理论认为，当学生遵守规则的出发点是避免遭受权威人物的惩罚时，他的道德认知处于前习俗水平，即他表面上屈从于规则，但不了解规则在社会生活中的意义，不会稳定地依据规则行动，一旦外在监督力量解除，他很可能违反规则；当学生遵守规则的出发点是对正当规则的维护时，他的道德认知处于习俗水平，即他了解、认可规则内含的个体权利与责任，并积极参与维护规则所保障的社会秩序，不论外界环境如何，他会持续地依据规则行动。在习俗水平，我们可以说，社会规则已经转化为学生内在的规则意识，而实现转化的关键在于学生的道德认知发展。基于平等对话，引导学生对规则进行自主推理和论辩，达成理性认同，实现行动自律，在学生管理中具有真正重要的持续性和持久力，绝非“胡萝卜加大棒”带来的立竿见影但转瞬即逝的效果所能比拟的。

## 三、适时创新学生管理的路径探讨

教育改革“牵一发而动全身”，选课走班冲击了传统教学、管理、德育生态，如果任由其冲击力自发产生之后再仓促应对，必然会出现学生管理领域固执守旧或者责任推诿等乱象，增加改革的成本。契机提示了创新的可能，而可能性向现实性的转化，要求我们把握契机，系统规划，审慎抉择，踏实前行。

[1] 李希贵．后行政班时代的教育追求 [N]. 中国教育报，2013-09-11(005).

### （一）理念创新：紧扣立德树人倡导教育性学生管理理念

教育的真义，不止步于学科知识的传递，而在于人的生成：学生应该在学校里形成理性看待人生和社会的方式，学会作为经济、政治、文化各领域的合格成员参与社会。紧扣立德树人根本任务，学校首先要倡导“德育为先”的理念：一是要优先重视学校教育承担的促进学生道德社会化职能，加强对学生良好品德和行为习惯的培养；二是要正视德育使命的时代规定性，以社会主义核心价值观为指引，反思、清理与社会主义现代化不相符合的思想品德和行为习惯，倡导合乎民主平等、自主负责的新型道德体系，落实主体性德育、发展性德育理念。

突破知性德育的藩篱，我们可以看到，在学校里，学生与环境产生着复杂多维的互动，对学生成长发挥影响的，不仅包括学科知识，更包括课堂教学方式、校园生活运作方式、师生关系、生生关系等隐性课程；就学生管理而言，校园规章制定方式、纪律运作实践都会对学生的价值观念和行为习惯产生影响。以此为依据，教育性学生管理主张确立“管理就是德育”理念，综合考虑学生管理所承担的促进学生道德成长与维护教育教学秩序两种功能，从促进学生道德成长的角度思考“需要怎样的学校秩序”及“如何达成这种秩序”等问题。

### （二）目标先导：以自主立约、自觉守纪为核心培养学生自律

从培育和践行社会主义核心价值观的角度来看，新时代的教育性学生管理尤其要注重清理片面强调管理者和制度的权威、重视他律、忽视学生自主参与[1]等惯习，引导学生基于平等协商自主制定规则、自觉遵规守纪，培养学生自律。

从他律走向自律，是个体道德发展的基本趋势。皮亚杰指出，在他律阶段，个体刻板地遵守由他人确立的规则；在自律阶段，个体与同伴协商，改变前人确定的规则，遵守自主创造的规则。自主立约为个体和群体不断改进行为提供了现实可靠的通道，而平等协商可以确保规则创

[1] 周元宽．学校管理教育性的回归：制度设计与路径选择 [J]. 中国教育学刊 ,2014(5):53–56.

新保持在不伤害他人合法权益、不危及社会稳定的适当范围之内。以培养自律为宗旨的学生管理应该将学生看作成长中的道德主体，尽可能早地让学生参与校园规章制定；反思规则的必要性，若无必要不设限制，为学生在当下和未来探索行为规则开辟广阔空间；在执行校园规章时，不能把学生默认为消极顺从者，而要加强说理和解释，听取学生意见，让学生不仅知其然而且知其所以然；要综合运用德育课、班团队活动、个别辅导等途径讲解规则与自由相辅相成的关系，逐步培养学生的规则意识和社会行为因果推理能力。

以培养自律为宗旨的学生管理呼唤名副其实的学生自主管理。有些学校号称推行自主管理，但其实质是由学生干部依据学校既定的规则来严格管理同学，学生并没有获得自主立约的权利。真正意义上的学生自主管理要求保障学生自主立约的权利，即学校在校园安全、班级秩序的底线能够得到保障的前提下，给学生提供自主选择、自主行动、基于行为后果进行规则调整的机会。学生基于同伴协商所确立的行动规则体现学生活泼多样的天性而不可能完全符合强调整齐划一的严苛校规，如一线班主任在工作中所发现的那样，实行自主管理的班级不可能像接受精细化管理的班级那样周周拿流动红旗[1]；但是，学生自主立约、自觉守纪体现了规则的生成性，具有逐步改善、日趋完善的不竭动力，是落实发展性德育的重要途径。

### （三）结构优化：构建责任到人、分工合理的全校性学生管理共同体

选课走班使学生突破行政班教学时代形成的班级、年级限制，扩展了他们的活动空间和人际交往范围，有机会与几乎全校师生互动。此时，班主任独揽学生管理职权、每位班主任各自为政的学生管理方式行不通了，全体教师有必要确立共享的育人愿景和大体一致的学生管理方式，教师之间要建立顺畅的沟通合作机制，即要构建全校性学生管理共同体。

---

[1] 陈宇．最好的管理是激发每一个学生 [J]. 班主任 ,2018(7):20–22.

考虑到促进学生全面而有个性的发展、培育自律的时代使命，该共同体应该支持民主立约，让校园规章充分体现社会期望、学校利益与学生需要三者的动态平衡；注重正面引导，加强对可以接受、值得倡导的学生行为的鼓励，增强学生管理的亲切感；落实理性培育，在日常监督、批评表彰时做好对话和解释，促使学生成长为自己管理自己的人。

选课走班要求每位教师主持制定专业教室规章，独立实施专业教室的常规管理，营造好学、合作、友善、互助的良好学习氛围。有学者提出要建立具有学科认同感的班级文化，建设具有学科归属感的班集体，笔者认为，这样的要求对教师的要求过高，由于上课时间有限而不易达成；不过，走班教学背景下，学校确实有必要考虑如何满足学生在校园内的归属需求，即为每位学生提供一个稳定的归属集体。就此而言，欧美中学走班教学近百年历程中形成的家庭教室制（亦称导师制）值得借鉴，即在走班教学的背景下，学校为一组学生指定一间教室作为其家庭教室，一位教师担任这组学生的导师，师生每周在这里定期见面交流；学生早上到校后与导师在这里会合，下午离校前与导师在这里进行简短小结。对教师而言，该制度意味着每位中学教师除了承担本学科教学任务外，还要担任一组学生的导师，对学生进行团体和个体辅导。笔者认为，导师制有助于在教师群体中公平分配学生管理责任，使每位教师了解学校的德育安排，从而实现全员育人的无痕嵌入；可以确保每名学生在学校里至少被一位成人所了解，给学生提供一位可以随时寻求帮助的导师和一个稳定的同伴互动群体[1]，为落实立德树人根本任务提供细致入微的制度保障。

### （四）素养提升：扎实培养全体教师的学生管理能力

以平等对话的方式实施学生管理，对全体教师的民主素养提出了挑战，即教师要反思现有校园规章和学生管理方式的合理性，剔除其专断、粗暴因子，以更加合乎教育民主化要求的方式来重构学生管理系统。同

[1] Cindy Wilson. The real meaning of middle school advisory programs[J]. Contemporary education, 1998(2): 100–102.

时，学生走班上课要求每位教师能够在课上建班，了解学生的基本情况和学习情况，及时有效地应对各种课堂事件（如学生在课堂上玩手机等情况），独立开展与学科教学相关的家校沟通，营造良好的教学班氛围。在实行导师制的学校，教师还要主持辅导小组的团队建设，对学生当下和未来的发展进行全方位的指导。这些都对教师的组织策划、有效表达与倾听、时间管理等方面的能力提出了综合挑战。

据此，职前和在职教师教育要扎实培养所有教师的学生管理素养。一方面，要开设相应课程，增进教师对教育民主化的认同、对教育对象品德发展特点与规律性的理解、对德育及学生管理的一般原理和时代要求的认识，培养教师实际处理相关事务的能力，丰富教师在日常课堂教学和其他教育活动实施过程中所用到的组织、交流、沟通、表达、示范等方面的专业技巧[1]。另一方面，对学生管理素养的培养，要紧密联系学校实践，加强演练，以案例教学、示范教学、基于问题的学习来克服以往教师教育偏重理念讲授和学员静听的弊病，凸显教师教育的实践性、互动性、探究性，确保教师能够从做中学，学以致用，将所学到的知识应用于指导学生团队建设、创设积极学习环境、开展师生对话和家校沟通的实际教育情境之中。

[1] 檀传宝．德育教师的专业化与教师的德育专业化 [J]. 教育研究 ,2007(4):32-34.

# 第四章 教育性学生管理的体系构建

我们将教育性学生管理看作合乎新时代需要的学生管理样态，主张新时代学生管理应该以发展为中心、以理性为中心、以学生为中心，最终培养出自己教育自己、自己管理自己的自律型主体。这样的学生管理并不否定规则，而是把规则看作促进学生发展的手段，并且尽可能地让学生参与规则制定，成为自己管理自己的主体；并不否定惩戒，而是主张发挥惩戒的教育性功能，让学生在经受惩戒性后果的同时理解规则的合理性，做到“知其然且知其所以然”，避免不明就里的消极顺从、非理性盲从。如前所述，教育性学生管理要做好积极管理与消极管理的统一，理性引导与情感培育的统一，管理与自主管理的统一，集体教育与个别指导的统一，这要求我们整体把握学生管理转型，努力建构实施教育性学生管理的完善体系。

## 第一节　构建体系：教育性学生管理的基本使命

长期以来，教育部颁布的学生守则一直是我国学生管理领域的纲领性文件，近年来，围绕《中小学生守则》（以下简称《守则》）及学生管理问题的讨论也不断出现。2014 年 8 月，教育部就《守则》修订征求公众意见，社会各界对于《守则》、校规、学生管理等问题的关注再次掀起热潮。2015 年，新版《守则》正式发布，并且要求各地根据实际情况制定实施细则，为学校开展有针对性的学生管理提供了自主空间。基于基础教育阶段学生管理现状，借鉴国际经验，笔者认为，研究者和实践者应该细致把握《守则》内容，阐明中小学生管理的若干重要问题，全力构建支持和惩戒相辅相成的学生管理体系。

### 一、《中小学生守则》的内容解析

新版《守则》内容全面，操作性强，既坚持以社会主义核心价值观为指引，又保留和发展了以往守则和规范中仍具时代价值、体现中华传统美德、应该长期坚持的内容，体现了时代性、继承性、系统性、创新性。《中小学生守则》共九条，依次为：爱党爱国爱人民，好学多问肯钻研，勤劳笃行乐奉献，明礼守法讲美德，孝亲尊师善待人，诚实守信有担当，自强自律健身心，珍爱生命保安全，勤俭节约护家园。《守则》提纲挈领地提出了中小学生在学习和成长过程中应该做到的基本要求，为加强德育和引领学生自我管理指明了方向。

#### （一）爱党爱国爱人民是永恒的德育主题

爱国是中华民族的传统美德，是中国社会持续发展的动力之源，是社会主义核心价值观对公民提出的首位要求。中国是世界四大文明古国之一，拥有五千年连绵不断的文明，造纸术、印刷术、指南针和火药向世界昭示华夏祖先的智慧和梦想。1840 年以来，全国各族人民与帝国主义、封建主义和官僚资本主义进行了艰苦卓绝的斗争，最终在中国共产党的领导下赢得了胜利，建立了中华人民共和国。当前，中国人民正在昂首阔步，努力实现中华民族的伟大复兴。历史事实表明，人民群众是历史的创造者，中国共产党是革命战争和新时期建设事业的领导者，青少年学生要树立制度自信、理论自信、道路自信、文化自信，热爱祖国，热爱人民，热爱中国共产党，保护自己的中国心，接过建设祖国的接力棒；树立忧患意识，锐意进取，大胆创新，努力为五星红旗增光添彩。

爱国无小事，中小学生要从了解党史国情做起，明辨是非，坚定立场；从珍视国家荣誉做起，关心国家大事，自觉维护民族团结；从尊重国旗国徽、学唱国歌做起，从小树立社会主义共同理想；从继承中华传统文化做起，热爱家乡，建设家乡。

### （二）好学多问肯钻研是学生的天职

热爱学习是学生的天职，只有好好学习，天天向上，才能在未来成长为社会主义的合格建设者和可靠接班人，经受住全球化时代和信息时代的挑战。孔子曰："学而时习之，不亦说乎？"但部分学生学习态度消极，学习方式被动，缺少终身学习和主动学习的自觉，学校有必要加强学习方法、学习习惯、学习态度的指导。

将学习理解为读书，是对学习内涵的窄化，21 世纪的教育要求建立书本知识与现实生活的联系，习近平同志指出："学习应该是全面的、系统的、富有探索精神的。既要向书本学习，也要向实践学习；既要向人民群众学习，向专家学者学习，也要向国外有益经验学习。"学校教育要培养学生的创新精神和实践能力，要求学生改变被动听讲、死记硬背的学习方式，成长为主动的终身学习者。

概括来说，当代学生要继承和发扬主动预习、认真听讲、及时复习、按时完成作业等习惯，还要养成积极参与课堂的习惯、主动思考和质疑的习惯、勇于探究和表达的习惯、广泛阅读的习惯，这些习惯有助于提高学习效率，发现学习乐趣，保持旺盛的学习热情。

### （三）勤劳笃行乐奉献是承担祖国建设重任的奠基

劳动是人类的本质活动，也是公民服务社会、报效祖国、实现人生价值的基本途径。职业有分工，劳动无贵贱。对每个人来说，劳动是个人独立的标志，是人生幸福的根基所在；对社会来说，劳动是社会进步的源泉，是社会有效运转的保障。中小学生是祖国的希望，享受着家庭的呵护、老师的关心和全社会的爱护，但他们也需要从小养成劳动习惯，端正劳动观念，在劳动中锻炼能力，磨炼意志品质，发展创新能力，学会合作共处，不能变成只会索取、不懂奉献的寄生虫。

劳动的范围很广泛，学生可以从自己的事情自己做开始，学会整理书包、清洗衣物、打扫房间；积极承担力所能及的家务劳动，分担长辈的辛劳，做家庭生活中的积极成员；认真清洁校园，承担值日生工作，自觉维护校园卫生和秩序；参与社会实践活动和志愿服务活动，走进敬老院、社区服务中心，为社区发展贡献一份力量；主动参与各类生产劳动和科技创造活动，在劳动中学会创新，体验快乐，为未来进入各行各业、承担祖国建设重任奠定良好基础。

### （四）明礼守法讲美德是建设社会主义法治国家的必然要求

法治是当代中国治国理政的基本方式。通过法治建设来维护和保障公民的根本利益，是实现自由平等、公平正义的制度保证。培育法治精神和规则意识，是社会主义民主建设的重要抓手。没有规矩，不成方圆，我国有浓厚的人治传统，公民的法治素养亟待提升。

广大中小学生要树立正确的法律意识，认识到法律和规则不仅约束公民言行，而且保障广大公民的安全权益和社会的稳定发展；法律、规则的意义并不是对个人自由和权益的压抑与否定，而是通过适度规范引导个性的健康发展和权益的正当行使。

中小学生要学法、懂法、守法，不做法律禁止的事情，学会用法律维护自己和他人的正当权益。校规校纪、班级公约、社会公德、文明礼仪是学生时刻都能接触到的规则，学生要在教师和家长的引导下，加强对这些规则的学习，认识到规则的合理性、必要性和积极价值，在公共场所自觉排队不喧哗，礼让他人不争抢，维护公共卫生，爱护公共财物，做文明守纪、彬彬有礼的好少年。

### （五）孝亲尊师善待人是文明素养的集中体现

公民的文明素养，集中体现在他与周围人的各种交往关系之中，狭义来说，道德就是人际交往关系中的规则。在历次救灾工作及志愿服务活动中，我们可以看到广大青少年具有乐于奉献、不计得失的良好品质，但小悦悦事件等暴露了我国部分公民道德冷漠、缺乏同情心。

父慈子孝是家庭和谐的基础，现在很多家庭的教养方式失于溺爱，需要加强孝德和感恩教育，引导中小学生从小学会关心体贴父母。尊师爱生是校园和谐的基础，教师要尊重学生，将对学生的严格要求与关心爱护很好地结合起来，鼓励学生通过认真完成学习任务等方式来表达对教师的尊敬。教师还要引导学生学会与同学和社会成员交往，学会与他人分工合作，学会为集体和同学做奉献，学会处理人际交往中可能出现的冲突与矛盾，做到尊重他人、热情友善、不歧视、不欺负、不骄傲自大，同时又懂得保护自己，免受伤害。

### （六）诚实守信有担当是为人处世的基本原则

诚信是为人处世的基本原则，也是和谐社会的基石。古今中外无数事例表明，一个诚实守信的人，能赢得信任和支持，成就事业；一个诚实守信的企业，能创立品牌，赢得市场。“人而无信，不知其可也”，一个人如果背上不讲诚信的恶名，就不能得到信任和帮助，最终自食苦果。当前，诚信危机正在困扰中国，这个问题如果不能得到充分的重视，中国在国际舞台上的形象和竞争力都会大打折扣。

诚信教育要从小抓起，教导学生真诚待人，实话实说，不说谎话；言出必行，说到做到，做不到时要诚恳道歉，主动承担责任，不找借口；

守时守约，与他人约定时间后，绝不随意推迟；勇于承认错误，知错就改，不推卸责任；借用他人物品要及时归还，未经允许不动用他人财物；拾金不昧，捡到任何物品都不能据为己有；诚恳求教，不懂就问，不能不懂装懂；作业按时完成，独立思考不抄袭，考试不作弊。

### （七）自强自律健身心是幸福人生的基石

身心健康是幸福人生的基石。毛泽东同志高度重视健康的重要性，在年轻时代就倡导同学“文明其精神，野蛮其体魄”，新中国成立后多次要求学校减轻学生负担，增强学生体质。健康不仅是指没有疾病，而是一种身体上、精神上和社会上的完全良好状态。世界卫生组织强调，健康的人要有强壮的体魄和乐观向上的精神状态，并能与其所处的社会及自然环境保持协调的关系。

针对我国中小学生身体素质欠佳、近视比例较高的现状，学校要引导学生合理饮食，做到荤素搭配、营养均衡；引导学生养成良好的作息习惯，早睡早起，保证睡眠时间；组织开展各种体育锻炼，鼓励学生爱锻炼、会运动、有特长；杜绝过长时间看书、看电视和电脑、使用耳机，杜绝吸烟喝酒，坚持做眼保健操，保护视力和听力。在心理健康方面，要引导学生发展兴趣爱好，通过阅读、交往、文体活动来充实精神世界；要让学生掌握情绪调节的基本技能，以积极心态来面对成败得失。网络、影视中的暴力、色情等信息会给学生的身心健康造成不良影响，学校、家长和社会要努力做好信息“把关人”，还要培养学生识别、拒绝不良信息的能力，增强自制力和免疫力，抵制不良诱惑。

### （八）珍爱生命保安全是亟待加强的基础工作

生命安全是追求远大理想、建设富强国家、享受人生幸福的首要前提，频频发生的青少年安全事故提醒我们要注重培养学生的安全意识。中小学生人生阅历有限，对日常生活和人际交往中的各种危险缺乏清醒认识和预见能力，可能会因为一时疏忽而带来无可挽回的损失，交通事故、火灾、溺水、触电等意外事件以及因为交友不慎而被拐骗等案件不断给我们敲响注意安全的警钟。

居安思危是中华民族的古训，学生要牢记水火电无情，切勿湿手碰电器、私自下河游泳及玩火，要遵守交通规则，不在马路上追跑，不乘坐有安全隐患的交通工具，不在建筑工地玩耍。在结交朋友和人际交往过程中，学生要注意征求家长和老师的意见，不要轻信陌生人的好意，不要贪图小便宜，不要炫耀财物以免招来坏人。学校还要指导学生学习掌握火灾、地震、溺水、拥挤情况下的自护技能，牢记报警电话及各种可能的求助办法。在留守儿童密集的地区，学校安全教育尤其需要加强力度，创新方法。

（九）勤俭节约护家园是严峻的时代主题

当前，自然环境恶化引起了人类社会的普遍重视，生态文明建设已经成为严峻的时代主题，保护环境、节约资源、低碳生活是每一个公民义不容辞的责任。全球变暖、水质污染、耕地减少、空气质量下降等危及全球可持续发展，人类只有一个地球，如果我们总是不断地索取而不知道保护，最终有一天，哭泣和悲伤的会是人类。

中小学生要从生态文明建设的高度去理解勤俭节约的必要性，自觉节约每一粒粮食、每一滴水、每一度电，抵制一次性用品，做好垃圾分类，减少资源消耗；响应植树造林的号召，尽力支持绿化，爱惜花草树木和小动物，以实际行动保护生态环境。中小学生还要做生态文明建设的宣传员，向家长和社区传播低碳环保理念，和家人一起改变攀比奢华等不恰当的生活方式，发扬勤劳节俭的传统美德，共建绿色和谐家园。

## 二、系统贯彻方能彰显《守则》育人实效

对于加强和改进中小学德育和学生管理来说，守则的修订只是第一步，关键在于务求实效的贯彻和落实。学校应该将贯彻《守则》看作学校德育的有机组成部分，并将宣传贯彻《守则》看作加强和改进德育工作、培育和践行社会主义核心价值观的宝贵时机，充分吸收当代德育研究成果，开展晓之以理、动之以情、导之以行、持之以恒的工作，综合通过

德育课程、班团队活动、社团活动、社会实践等培养学生的规则意识和良好品德，在落细上下功夫，引导中小学生记住每一项要求；在落小上下功夫，引导中小学生遵守每一条准则；在落实上下功夫，引导学校将《守则》融入教育教学全过程。

学校要善于运用学校生活所蕴含的各种教育机制来培养学生的良好品德，确立学生在德育和学生管理中的主体性，综合运用生活体验、行为强化、榜样示范、虚拟情境体验、说理讨论、自主实践等方法，主动开拓网络德育平台，确保守则入脑入心，转化为学生的自觉行动。教师要创设富有感染力的情境，开展形式多样的主题教育活动，促使学生认同和内化守则，成为守则的自觉践行者。

基于国内国际经验，各地、各校贯彻中小学生守则，需要重点处理好如下几个关系。

其一，要处理好加强学生管理和优化学校治理的关系，将加强学生管理与规范学校办学行为相结合。

遵守校纪校规，是讲法治的基本内容，也是学生法定义务的重要内容，然而，侵犯学生基本权益的“雷人”校规就不宜遵守。这一点提示我们，加强和优化学生管理任重道远，而规范学校办学行为更具紧迫性。

从生活德育的理念来看，规范学校办学行为，其实质就是学校遵循法治和道德规范，以活生生的学校生活来引导学生形成相应的道德品质。学校办学行为的持续规范，是开展切实的学生管理和有效的学校德育的必要前提。从法理和道义的角度来审视，如果学校违规在先，学生管理规章的合法性将荡然无存。如果学校过分延长学生在校时间、布置过量作业，我们就没有理由要求学生按时完成作业、不抄袭不作弊。由此可见，加强学生管理与规范学校办学行为是紧密相连的。

其二，要处理好德育和师德建设的关系，将加强学生德育与提升师德素质相结合。

教师是人类灵魂的工程师，是学生成长成才的引路人，要求学生做到的，教师自己首先要做到，以身示范，然后才能充分地承担育人使命。习近平总书记指出，好教师要有理想信念，心中要有国家和民族，明确意识到肩负的国家使命和社会责任；好教师要有道德情操，见贤思齐，提升人格品质，并把正确的道德观传授给学生；好教师要有扎实学识，始终处于学习状态，努力站在知识发展前沿，刻苦钻研，不断充实和提高自己，在各个方面给学生以帮助和指导；好教师要有仁爱之心，用欣赏增强学生的信心，用信任树立学生的自尊，尊重学生、理解学生、宽容学生，让所有学生都成长为有用之才。

古语有云："桃李不言，下自成蹊。"教师的为人师表体现在教师敬重和珍惜自己所从事的教育工作，愿意承担为社会发展培养合格新人的责任，依据素质教育理念的要求，扎实规划，准备好相应的学识、能力和态度，和同事通力合作，尊重学生，将对学生的严格要求与关心、爱护学生很好地结合起来，努力提高学生的德智体美全面素质，杜绝体罚学生等不当行为。教师的人格和行为表现，最终会导向学校德育的成功，能促使学生在日积月累的学校生活中习得相应的道德品性。

其三，要处理好学生义务与学生权益的关系，努力构建支持手段和惩戒手段相互支持的完整教育系统。

中小学生既有其合法权益，又有其应尽的义务，两者不可偏废。2015年版《守则》要求学生学会自我保护体现了学生管理思维的进步，但作为具有约束力的行为准则，《守则》的核心意义在于清晰界定中小学生的义务和责任，以保障学校正常教育秩序。

为了充分发挥《守则》促进学校德育的功能，学校应该丰富和创新学生管理手段，建立学生管理的完整系统。从积极方面来看，《守则》努力概括和涉及社会主义核心价值观及学校德育的核心内容，学校不应孤立地宣传《守则》，而应该将贯彻《守则》及相应校规看作学校德育的有机组成部分，在学生管理中开展晓之以理、动之以情、导之以行、持之以恒的引导工作，综合通过德育课程、班队会活动、社团活动、社会实践等培养学生的规则意识和良好习惯。从消极方面来看，我们要重视和加强对违纪学生的适度惩戒。因为没有爱就没有教育，没有惩戒的教育也是不完整的。在调研中我们看到，一些中学生拒不遵守规章的行为使学校教育教学秩序难以得到保障，广大学生的受教育权益也无法充分实现，甚至师生的人身安全也处于威胁之中。英美等国关于学生惩戒（如停学、开除、零容忍）的规定和做法提示我们，在程序得当、程度适宜的前提下对违规学生实施一定的惩戒是必要的，也是合理、合法的。全面、合理的学生管理系统应该坚持以支持和鼓励为主，以规训和惩戒为辅，努力表扬和强化良好行为，尽可能建设性地使用各种惩戒手段。

其四，要处理好学校与家庭、社会的关系，努力构建学校、家庭、社会三位一体的德育网络。

学校在立德树人中应承担主要责任，班级、共青团、少先队均应积极有为，有机配合，为青少年成长提供有力引导。同时，家庭和社会的责任也不容忽视。家庭是成长的摇篮，父母是子女的第一任老师和终身导师，立德树人的根只有牢牢扎在家庭，才能使青少年如根深树木般茁壮成长。就当代国情而言，学校班级规模偏大，在家庭中开展德育有着独特的优势，父母亲有机会发现孩子细微的良好或不良表现，进行及时的应对。父母亲在时间、精力、能力允许的范围内，应当尽可能地反思、运用各种德育机制，促进子女更好地成长成才。

学生是社会中的人，社会变迁、传媒时刻影响学生成长。在全面建设社会主义和谐社会的背景下，我国政府正在逐步加强法律制度建设，用国家机器的强制力量来优化社会环境。就社会德育的各种机制而言，政府正在努力做好对违法犯罪行为的惩处、对品德高尚者的褒奖，加强主流媒体的道德引导力度。就社会发展的全面、长远目标来看，社会生活有望全面支持公民道德成长，公民道德水平提升与社会进步有望达成良性互动。

各级教育部门和中小学校要主动联系综治、公安、民政、共青团、妇联、关工委等相关部门，切实加强中小学德育，尤其要加强对进城务工人员随迁子女、农村留守儿童的关爱和教育；要大力推动家庭教育，引导家长树立科学观念，运用良好家风，促进子女成长成才；要积极争取当地党委政府支持,整合利用社会资源,净化社会环境,形成育人合力，共同发挥正能量。

反观现实，我们不难发现，学生管理体系建设任重道远：学生管理的相关法规不完备，学生权益一边倒，惩戒手段缺位；学生管理的支持手段不够发达，各种支持手段彼此隔离，内耗严重；全员育人以及家校社协同育人的机制还没有建立，学生管理共同体还没有形成。这些具体问题，要求教育工作者进行细致回应。总之，在全面建设社会主义法治社会、推进教育治理体系现代化的时代背景下，我国应加强中小学生管理的理论和法理研究，构建健全、规范、合理、合法的学生管理体系，促进学生健康成长。

## 第二节　德法共治：教育性学生管理的应然体系模型

面对频繁发生的师生冲突、家校矛盾、学生欺凌、校园暴力事件，面对社会各界针对军事化封闭式学生管理“抹杀学生个性”“不利于全面发展”的诟病，学生管理领域正在出现一些新手段、新做法，如自主管理理念得到普遍倡导，校规、班规越来越多地被“公约”所取代。我们有理由相信，随着社会转型和学校教育转型变革的推进，学生管理必将实现指导思想和运行模式的全面转型。作为系统演化的一种特殊形式，转型意味着“系统从一种结构转变为另一种性质不同的结构，属于革命式的转折，每一次都需要跨越不小的势垒”[1]。自发涌现的学生管理转

[1]　苗东升．系统科学精要[M]. 北京：中国人民大学出版社,2016:49.

型风险太大，成本过高；紧扣时代发展趋势自觉把握学生管理转型方向，阐明学生管理转型路径，可以降低转型成本，加快转型过程，彰显转型效能。从不同角度细致审视、积极引领学生管理转型，因而成为理论研究者不容推卸的时代使命。

## 一、德治理念主导学生管理的传统格局

### 1. 德治理念与传统学生管理方式

德治是中国文化中由来已久且根深蒂固的治国理念。作为国家治理方式，德治指的是主要靠统治者品德的影响力、良好的社会教化及爱利民众的政策而推行的政治，其要素包括圣君当政、贤臣得用、民众幸福、德教昌明等[1]。就其实施过程来看，德治强调统治者秉持高尚品德来管理国家事务，对民众实施细致入微的道德教化，在行为层面以礼节规范民众的一言一行，在思想层面以仁义引导民众的所欲所求，逐步提升民众的品德修养，从而实现社会稳定、和谐、发展。就其运行逻辑来看，德治假定存在一套绝对正确的道德体系和生活方式，假定统治者是这一道德体系的化身和代言人，综合运用说服教导、行为训练、榜样示范以及刑罚惩戒等方式向民众传授合乎这一道德体系的生活方式。

德治理念适应了封建统治需要，在家国同构的背景下被广泛地运用于家庭教育、学校教育和社会教化之中。古代私塾、官学、书院总体上以培养统治人才为目标，这些名称各异的学校在学生管理中普遍遵循德治理念。依据封建统治者筛选过的儒家道德礼法体系，学校从日常起居、读书治学、待人接物等方面制定了细致入微的学生行为规范，将这些规范看作神圣不可动摇的规矩，要求学生严格服从。“官师一体”的制度安排和尊崇“天地君亲师”的礼仪法度赋予教师制度权威，一言一行皆中规矩绳墨的师表风范赋予教师道德权威，桃李满天下的育人业绩赋予教师专业权威，多重权威复合确立了教师在学生及家长面前的绝对权威地位，为教师开展不容置疑的训导奠定了群众心理基础，使学生在学生

---

[1] 焦国成. 论作为治国方略的德治 [J]. 中国人民大学学报 ,2001(4)：1–7.

管理过程中处于被动服从地位。以明朝国子监为例，朱元璋以“卧碑”形式颁布了钦定学规禁例，命令所有学生遵守教学纪律和言行规矩，其不遵者以违制论；国子监设有“监丞”一职，专门负责对教师和学生的行为管理，“凡教官怠于师训，生员有戾规矩，并课业不精，廪膳不洁者，监丞要纠举惩治”[1]。对于这种“以顺为正”、强调整齐划一的学生管理，蔡元培进行了如下分析：“旧日道德隐然有一种魔力，法规所定，无认当否，无丝毫违抗改变余地。国之君主、家之家长、私塾之师，其令之严，被动者惟有服从，无所谓自由其思想，倭居于判断是非之地”[2]。

2. 德治理念主导学生管理的积极与消极影响

在德治理念主导下，传统学生管理较好地维持了古代学校的教育教学秩序，在几千年中牢固树立了各类学校“斯文在兹”、肃穆庄严的良好形象。教师通过以身作则、课堂仪式、行为讲评、严格奖惩等手段敦促学生遵规守纪，以传授儒家经典为目标的课程教学为这种以恪守礼法为宗旨的学生管理提供了学理支撑，合力培养出大批合乎“非礼勿视、非礼勿听、非礼勿言、非礼勿动”标准的读书人。

然而，德治理念主导下的学生管理能否促成学生对道德礼法的真诚认同和自觉遵守，这一点值得怀疑。叶圣陶指出了旧式训导和管理的问题：“六七岁的孩子便须规行矩步，不许他们有活动的自由。孩子的情性是最活动不过的，勉强他们受拘束，就不免有耐不住的时候，依旧活动起来。这时候教师如临大敌，仿佛官吏对待乱民一样，定要设法压服了他们，自己才神恬心安。”[3]这段话表明，传统学校所推行的严谨规矩与学生活泼好动的天性之间存在较大鸿沟，容易引发师生之间的冲突。出于对惩罚的畏惧，学生们虽然能够勉强服从，但很难形成对道德规范的积极认同和稳定践行。王阳明批评说：“近世之训蒙稚者……鞭挞绳缚，

[1] 张建仁．试探明代国子监的管理体制 [A]. 纪念《教育史研究》创刊二十周年论文集（3）,2009:177-181.

[2] 高平叔．蔡元培教育文选 [M]. 北京：人民教育出版社，1980:27.

[3] 叶圣陶．叶圣陶教育名篇 [M]. 北京：教育科学出版社，2007:8.

若待拘囚。彼视学舍如囹狱而不肯入，视师长如寇仇而不欲见，窥避掩覆以遂其嬉游，设诈饰诡以肆其顽鄙。偷薄庸劣，日趋下流。”[1] 在这里，思想家形象地描绘出学生对学生管理的反叛及其成因：当教师像对待囚犯一样严厉对待学生时，学生就会想尽办法躲避学校，逃避教师，在外在监督力量薄弱的时空环境中做出一些悖逆礼法、轻薄下流的行为。

不仅如此，德治理念主导的学生管理还带来一些深层次的不良影响。其一，道德评价泛化损害师生正当权益，纵容校园生活中的不合理现象。从学生角度来看，不服从会被扣上“忤逆”的罪名，面对教师和学校的不合理安排，学生只能默默承受，一忍再忍。从教师角度来看，基于“君子之德风，小人之德草”的逻辑，“教师不可避免地被要求扮演教化他人的道德精英的角色”，广大教师迫于“成为道德完人”[2] 的舆论压力而不得不放弃享受生活等诸多正当权益。其二，行为准则神圣化贬抑师生独立判断，阻碍学校和社会的道德进步。董仲舒宣称“道之大原出于天，天不变，道亦不变”，传统学生管理主张墨守成规，反对灵活变通，要求师生刻板地按照条文规矩办事，不鼓励他们依据社会生活的具体境况寻找最优行动方案。久而久之，师生所持的是非善恶标准趋于僵化，学校成为远离社会现实的封闭组织，师生慢慢背上“百无一用是书生”的恶名。其三，学生言行脱节导致虚假的道德表态盛行，“语言的巨人、行动的矮子”比比皆是。大量学生投身学校教育是为了获得“黄金屋”“颜如玉”“千钟粟”所表征的荣华富贵，他们在学成中榜后的一致出路是加入封建官僚这一巨大的既得利益者集团，这样的社会现实决定了他们的谦逊有礼等文化修养只是“表面的装饰品”或者“镶饰在普通木器上的桃花心木”[3]，不足以证明他们达到了崇高的道德境界。

---

[1] 王阳明．训蒙大意示教读刘伯颂等 [M]// 王守仁集（上）．王晓昕，赵平略，点校．北京：中华书局，2016：81–82.

[2] 甘剑梅．教师应该是道德家吗——关于教师道德的哲学反思 [J]. 教育研究与实验，2003(3)：25–30.

[3] ［美］杜威．学校与社会・明日之学校 [M]. 赵祥麟，等，译．北京：人民教育出版社，2005：52.

## 二、法治精神觉醒孕育学生管理创新契机

### 1. 法治精神觉醒与学生管理法治化探索

随着社会主义民主制度的建立，曾经受到压制的法治精神在中国社会迅速觉醒。作为与民主相适应的国家治理方式，法治是以公民的相对独立、自由、平等为前提，国家依靠制定的相对公平、正义、稳定的法律条文规范人的社会行为，管理社会的经济、政治、文化活动的民主政体形式[1]。在推进依法办学、加强青少年法治教育的时代大潮中，学生管理领域正在涌现多种形式的法治化探索。

在实践操作层面，民主管理、学生自主管理等理念得到认同和遵行：家长委员会普遍建立；学校重大事务成为家校联席会议题；学生发展指导中心等新型学生管理机构批量涌现；学生得到参与班级管理以及校园管理的授权；以倾听学生观点为前提制定的班级公约正在逐步取消原先由教师“一言堂”宣布的班级规章。在理论研究层面，研究者开始依据法治精神审视学生管理实践中存在的问题。一是学生管理定位不准确、偏离育人目标的问题。研究者指出学生管理要求学生“听话”违背了法律面前人人平等的法治原则，不利于培养个性和首创精神，没有意识到“管理就其属性来说，是为了促进学生发展”[2]。二是学生管理只讲义务不讲权利、学生的基本权利被忽视的问题。很多学校要求学生遵守教学楼、寝室、食堂等场所的管理规定，但很少提及学生在校期间享有哪些权利、如何保障学生的各项权益，其实质是“以学生的义务为本位，而不是以学生的权利为本位”[3]。三是学生管理规则不清晰、学生惩戒缺少实施细则的问题。各校对于同一种违规行为的处理办法存在很大差异，教师随意惩罚学生和由于惩戒权缺位而不敢惩戒学生的现象并存[4]。四是学生管理过程简单粗暴、权利救济程序缺位的问题。学生权利救济

[1] 乔利平．论“德法共治”的内涵及意义 [J]. 社会科学论坛，2001(12):33-35.

[2] 朱旭东．论班主任的学生发展知识建构能力 [J]. 教育科学研究，2018(6):30-34.

[3] 张永华．以学生权利为本位 规范高校学生管理 [J]. 中国高等教育，2004(8):14-16.

[4] 张俊友．法治理念下的公立义务教育学校教师惩戒研究 [J]. 教育科学研究，2018(6):93-96.

机制亟待完善[1]，有时学生被教师体罚或者受到不公正的待遇，也不敢与教师争论或者向相关部门投诉。针对这些问题，研究者提出了确认学生管理的育人功能、建立学生权益与学生义务之间的平衡、明确授予教师教育惩戒权、健全学生权利救济程序、持续规范学校办学行为等方面的具体建议。

值得一提的是，基于法治精神的觉醒，教育惩戒成为学生管理研究领域的热点问题。研究者对教育惩戒的内涵、目标、法律属性等进行了较为深入的探讨，以期“构建符合法治要求的学校惩戒制度”[2]。从内涵角度来看，“惩戒”指通过对不合范行为施予否定性的制裁，避免其再次发生，以促进合范行为的产生和巩固[3]，从字面上直接指向未来违规行为的减少和合范行为的产生。从目标角度来看，教育惩戒以“培育规则意识”为目标，“着眼于培育合格的社会公民”[4]，“必须以教育性为其根本的实施原则”[5]。从法律属性来看，教育惩戒权派生于学生的受教育权，对存在不当行为的学生进行惩戒的目的是保障学生的受教育权[6]。研究者还提出依法合理设定惩戒措施、列明惩戒措施的适用情形[7]等建议。2020 年 12 月，在充分吸收相关研究成果的基础上，教育部以部门规章形式发布了《中小学教育惩戒规则（试行）》（下文简称《规则》），以期把教育惩戒纳入法治轨道。

2. 法治手段应用于学生管理的进步意义及其局限

在学生管理中贯穿法治精神、运用法治手段，具有推动学生管理转型的进步意义，有助于荡涤学生管理过程中存在的与新时代精神不相契合的因素，使学生管理成为促进学生德智体美劳全面发展的重要手段。

[1] 赵学云. 学生与学校纠纷的法律关系及其权利救济机制 [J]. 东北师大学报（哲学社会科学版）,2006(6):168-174.
[2] 申素平. 法治视野中的学校惩戒制度 [J]. 中国教育学刊,2005(10):25-28.
[3] 申素平. 法治视野中的学校惩戒制度 [J]. 中国教育学刊,2005(10):25-28.
[4] 雷槟硕. 教育惩戒权行使的目标：培育规则意识 [J]. 复旦教育论坛,2019(4):34-40.
[5] 申素平. 教育惩戒立法研究 [J]. 中国教育学刊,2020(3):37-42.
[6] 钱大军. 受教育权：教师惩戒权之后设来源与规范限制 [J]. 教育发展研究,2020(2):18-26.
[7] 段斌斌. 警惕教育惩戒概念使用的泛化 [J]. 湖南师范大学教育科学学报,2020(6):12-20.

将这一进步放到社会发展全过程之中来看，依法实施学生管理既是全面建设法治社会的必然要求，也能系统培养时代新人对法律和规则的认同，引导他们牢固树立法治精神，为全面建成法治社会奠定国民素质基础。然而，法治取向的学生管理在目标设定、效果保障、正当性确证等方面面临着难以破解的困局，如下因素为学生管理法治化设定了限制。

其一，法治效果的局限性要求建立法治手段与其他学生管理手段的有机联系。法治精神指引下确立的校园规章致力于保障最低限度的教育教学秩序，较少关注师生在进取、友善、参与方面能够达到怎样的理想高度，也就是说，法治精神偏重确立校园生活底线而相对忽视校园内道德高地的搭建。法治指引的学生管理实践偏于刚性，需要得到关心、说理等柔性手段的辅助，如研究者指出，“惩戒无论如何谨慎仔细、合乎规范，都会给学生以较强的刺激，……教师要关注被惩戒学生的言行举止，给学生以适当的关照，避免不良后果发生”[1]，这说明教育者不能孤立地使用惩戒等法治手段，而是必须在进行学生管理时加强思想引导、情感关注，以避免不良后果发生。

其二，学生管理方法的多样性决定了学校不能孤立地倚重法治手段。随着教育民主化进程的推进，纪律被看作保障自由的手段，“不讲理”的管理方式受到质疑，诉诸理性引导的学生管理必将越来越成为学生管理的主流。然而，民主决策虽然能够保障校园规章的合法性，但不能取代教师基于日常生活经验对学生进行贴合实际的思想引导；惩罚是帮助学生适时有效地完成社会化的必要手段，然而，“惩罚一般只能阻止或遏制不良行为，但不能消除行为”[2]，违规行为减少也并不必然意味着合乎期望的行为增加。放眼学生管理全过程，各种管理手段组合运用、相互支撑，做到严慈相济、情理交融，才是学生管理的最佳状态。

其三，学生违规行为成因的复杂性冲击学校实施教育惩戒的合法性。一方面，学生对社会规则的认知、认同和践行是一个循序渐进的过程，

[1] 申素平．法治视野中的学校惩戒制度 [J]. 中国教育学刊 ,2005(10):25–28.

[2] 傅维利．论教育中的惩罚 [J]. 教育研究 ,2007(10):11–18.

在学习和成长中出现违背社会规则的现象具有必然性，并且提供了在尝试错误中学习社会规则的机会，教育者必须拥有宽容错误的胸怀，支持学生通过经受自然后果、探索因果逻辑来展开学习，而不宜机械粗暴地施加否定性制裁。另一方面，学校是儿童学习社会规则的重要场所，学生违规行为与学校教育失误具有不同程度的内在联系，如面对学生欺凌、偷窃等行为，很多人的反应是“学校是怎么教的”。这要求学校必须构建应对学生违规行为的复合工作机制，而不能简单地“一惩了事”。

其四，教育惩戒权的派生属性要求限制教育惩戒的使用范围和频率。受教育权是教师惩戒学生的“后设来源和规范限制”，即“当一些学生的受教育权在实现上受到其他学生的不当影响时，教师应当对存在不当行为的学生实施相应的惩戒”，但“教师不得以剥夺或者严重影响受教育权的方式对存在不当行为的学生实施惩戒”[1]。研究者提出惩戒措施选择应当体现最小侵害原则，即“在所有可达成教育目的的惩戒手段中，学校及其教师必须选择对学生侵害最小的手段”[2]；考虑到惩戒的不愉快属性，最小侵害原则还意味着“如无必要则不施加惩戒”。

由于法治手段在学生管理中的应用面临着诸多掣肘因素，在《规则》已经发布的背景下，很多教师表示，考虑到惩戒可能引发学生和家长的过激反应，自己仍然不大敢惩戒学生，如何建立并维持适宜的教育教学秩序仍然是困扰若干学校发展的现实问题。这说明，尽管有法可依是有效实施学生管理的必要前提，但是，学生管理不能像成人社会严惩酒驾及其他违法犯罪行为一样简单套用法治思维，更不能过分地依赖教育惩戒这种备受推崇的法治手段。

## 三、德法共治思维指引新时代学生管理模型

即使极力推崇尧舜施行德政、以德化民的远古时代，中国古代思想家们仍然能够意识到德治的有限性，逐步建构出德法共治思维并使之成

[1] 钱大军．受教育权：教师惩戒权之后设来源与规范限制 [J]. 教育发展研究 ,2020(2):18-26.
[2] 刘明萍．论我国学生管理权的两极化运行与理性化回归 [J]. 复旦教育论坛 ,2020(1):33-38.

为数千年特有的治国理政传统。德法共治强调道德和法律在社会治理中的相互补充，主张以德服人，明德慎罚，德主刑辅或者德礼为本、刑罚为用，由此，“德法互补、共治”逐渐成为“中国古代国家治理的成功经验”[1]。当代，党和国家领导者高度重视德法共治，要求坚持依法治国和以德治国相结合，做到法治和德治相辅相成、相互促进。习近平总书记对德法共治的原理和必要性进行了经典阐述，他说：“法律是成文的道德，道德是内心的法律。法律和道德都具有规范社会行为、调节社会关系、维护社会秩序的作用，在国家治理中都有其地位和功能。法安天下，德润人心。法律有效实施有赖于道德支持，道德践行也离不开法律约束。法治和德治不可分离、不可偏废，国家治理需要法律和道德协同发力。”[2]

在社会主义条件下，以依法治国和以德治国相结合为特征的德法共治革除了传统社会治理方式挥舞美德大棒打压异已的弊病，而是确立了社会治理的民主决策程序，以合乎公众意志的法规作为社会治理的基本遵循，以管理者以身作则、人与人互尊互爱等体现德性光辉的元素作为社会治理的重要保障，兼具法治的公正和德治的温暖，既保障底线秩序又弘扬高尚追求，必将为民族复兴和社会发展注入不竭动力。在教育改革过程中，新时代德法共治思维可以为构建兼具正当性和有效性的学生管理模型提供指引。

遵循德法共治思维，新时代学生管理应该统筹发挥法治与德治的优点，将依法管生和以德育生有机结合，以体现正义性和发展适宜性原则的学生管理规章作为学生管理的准绳，以体现师表示范和人本关怀的正面引导作为学生管理的日常运行方式，依托法规管制的刚性机制确立学生管理的基本格局，依托道德滋养的柔性机制落实学生管理的育人追求，推动学生成长为自觉自律的行动者。

[1] 张晋藩 . 论中国古代的德法共治 [J]. 中国法学 ,2018(2):89-107.

[2] 习近平 . 习近平谈治国理政（第二卷）[M]. 北京：外文出版社 ,2017:133.

1. 以法治为基准，构建符合民主、法治标准的学生管理规章，确立学生管理的法治基础

“以法治为基准”指将依据法规实施学生管理作为新时代学生管理的基本运行原则。在分析法治与德治的关系时，万俊人指出，“‘德治’与‘法治’的内在价值关系应当是相互配应和相互支持的价值资源互补关系”；“就社会政治实践而言，法治无疑具有某种政治优先性。更确切地说，依法治国是我们建设社会主义民主制度的基础”；“所谓德治，是以法治的在先确立为前提的。只有首先建立必要而稳定的社会法制秩序，道德伦理规范才能真正充分发挥其作为一种社会治理方式的作用。”[1]这种关于法治与德治关系的观点提示我们，新时代学生管理必须有法可依，有章可循，将符合社会主义民主、法治标准的学生管理规章作为实现学生管理“制度化、法制化”[2]的基石。

学生管理规章应该是完备的。法学研究主张，“法律规则由构成要件和法律后果构成”[3]；“法律规范向社会的渗透，主要以程序为桥梁，……程序主要体现为按照一定的顺序、程式和步骤来作出法律决定的过程”[4]。据此，作为学校创制的“软法”，完备的学生管理规章应该包括如下要素：①学校对学生行为的要求，包括学校期望、鼓励、表彰的学生行为（倡导性规范）和不被学校许可的、禁止出现的学生行为（强制性规范）；②各种学生行为所对应的后果，包括对合规行为表达认可和赞赏的方式，对违规行为实施惩戒的方式；③学生管理的实施主体和实施方式，尤其是教育惩戒的实施程序、师生权益的救济方式及操作程序。

学生管理规章应该是公开的。“公开透明是法治政府的基本特征”，公开学生管理规章对于保障师生及广大人民群众“知情权、参与权、表达权、监督权具有重要意义”[5]。学校要健全学生管理事务的公开途径，

[1] 万俊人．“德治”的政治伦理视角 [J]. 学术研究 ,2001(4):14–19.

[2] 习近平．习近平谈治国理政 [M]. 北京：外文出版社 ,2014:140.

[3] 雷磊．法律规则的逻辑结构 [J]. 法学研究 ,2013(1):66–86.

[4] 蒋秋明．程序正义与法治 [J]. 学海 ,1998(6):84–89.

[5] 关于全面推进政务公开工作的意见 [EB/OL].2016–2–17[2021–05–01].http://www.gov.cn/gongbao/content/2016/content_5051216.htm.

通过印发《教师手册》《学生手册》《家校联系册》或者在校园网站开辟学校规章专栏等方式将相关制度及其执行情况广而知之。教育行政部门要发挥以评促建功能，将信息公开情况作为学校督导专项。

学生管理规章的制定过程应该是合乎程序的。决策民主是公共政策程序正义的制度保障，其基本要求是公民以平等身份参与并决定决策[1]。遵循程序正义要求，学生管理规章研制要以我国《教育法》《义务教育法》《高等教育法》《未成年人保护法》等法律为依据，将民主基础上的集中和集中指导下的民主相结合，一方面“广泛征求教职工、学生和学生父母或者其他监护人的意见”，落实多元主体共同参与，充分听取学生、家长、教师、学校管理者、教育行政部门以及社会公众意见；另一方面健全“家长委员会、教职工代表大会讨论”“校长办公会议审议”“主管教管部门备案”[2]等环节，在充分考虑相关各方诉求的基础上制定出平衡社会期望、学校需要、师生权益的学生管理规章，使学校确立的学生管理方式既能保障教育教学秩序，又能最大限度地尊重特定学段学生的成长特点，保护每位学生的受教育权。

2. 以德治为标识，全员全过程全方位实施正面引导，彰显通过学生管理促进学生道德成长的积极立场

“以德治为标识”指将教师关心、保护、支持学生成长作为新时代学生管理的日常运行方式。“法治是离不开德治的”，因为支撑法律体系的“基本的、总的指导思想和出发点，是具有道德意义的”；“法律法规不可能给人的言行提供面面俱到的准绳，……在法治治不到的地方，就要靠道德来调节”；“无论什么样的法律，都是要靠人来建立、靠人来执行的。……法治搞得好不好关键在人，关键在于有没有一批高素质的执法者”[3]。在学生管理过程中，教育者秉持高尚品德管教学生并且

---

[1] 谢金林. 决策民主：公共政策程序正义的制度保障 [J]. 理论学刊,2009(6):96-100.

[2] 中小学教育惩戒规则（试行）[EB/OL].2020-12-23[2021-05-01].http://www.moe.gov.cn/srcsite/A02/s5911/moe_621/202012/t20201228_507882.html.

[3] 焦国成. 论作为治国方略的德治 [J]. 中国人民大学学报,2001(4):1-7.

注重培养学生的道德品格，能够彰显学生管理的人本关怀，争取学生及公众对学生管理的尊重和拥护，减少围绕学生管理引发的家校冲突，有效降低学生管理的监督成本。

其一，教育者应该是受过良好教育的、值得信赖的。国家要全面加强师德建设，通过持续开展师德师风教育、严肃处理违反教师行为准则的案例、稳步改善教师待遇和工作条件、选树表彰教书育人楷模等做法，多力并举，打造“学高为师、身正为范”的高素质教师队伍，激发教师进行师德修养的自觉性，从源头上保障学生管理和全部教育教学活动中的道德“供给”。

其二，每位教师要从“教书”与“育人”相辅相成的角度全面理解教育者职责，自觉承担支持学生道德社会化的育人使命。教师要参与制定、完善学校德育要求和学生管理规定的全过程，严格遵守教师职业道德准则和学生管理规章中的禁止性规范，在学生管理中杜绝侮辱学生人格、体罚或变相体罚学生等偏差行为；认真履行关爱学生、为人师表等倡导性规范，了解并尊重学生的成长特点和个体差异，养成注重师表示范、师爱感化、心理辅导、榜样激励、欣赏鼓励的积极学生管理习惯，努力为学生创设合乎规则、彰显支持、充满关爱的成长环境；认真观察、细致了解每一个学生（尤其是出现学业困难或者违规行为的学生），为学生提供力所能及的帮助，带领学生回归身心健康发展的正常轨道。

其三，学校要健全学生管理中的思想引导机制，培养学生自己管理自己的意识和能力。赫尔巴特提醒我们：“像管理公民一样管理儿童显然是不可能的。”[1]学校要克服对于要求学生遵规守纪、严格按标准扣分等刚性方式的依赖，转而通过德育课和班团队活动等载体开展系统而生动的学生管理规章教学，利用公告栏、黑板报、校园广播等加强规章宣传和正面事迹报道，引导学生体悟规则的价值和意义，做到“知其然”

[1] ［德］赫尔巴特．普通教育学・教育学讲授纲要[M]．李其龙，译．杭州：浙江教育出版社，2002:191.

且“知其所以然”，在理解规则、认同规则的基础上遵守规则，实现认知、情感、行动相互支撑，逐步做到自主自制。

其四，学校要加强与家庭、社会机构的联系，构建家庭、学校、社会协同的育人共同体。尽早向家长传播以积极管教为主、以消极规训为辅的家庭教育理念，帮助家长掌握制约正当家庭规章、营造积极成长环境、担当子女成长榜样、开展正面亲子沟通、丰富家庭生活主题的有效方法并形成习惯。丰富与社会机构的交流，通过聘请社区优秀成员担任校外辅导员、举办校园开放日、组织学生开展社会实践和社区服务性劳动等方式，将“请进来”与“走出去”巧妙结合，吸引尽可能多的社区成员关心、支持、指导、督促学生养成健康、文明、进取的生活方式和行为习惯。

3. 以培养自律为宗旨，温和而坚定地实施教育惩戒，依托引导与惩戒的有机组合最大限度地发挥学生管理的育人功能

“以培养自律为宗旨”指以促进学生理性发展、培养学生道德自律作为新时代学生管理的最终目的。道德发展心理学研究表明，个体规则意识的形成是一个基于个体与环境相互作用的建构过程，如果引导个体对成长过程中所犯的错误加以反思、评价和改造，就能发挥促进道德观念建构、提高问题解决能力的积极意义；“违规即罪错”“有错就要罚”的报应论思维和孤立地依赖奖惩的机械训练方法压制了学生的自主选择、探索和推理，不利于学生的理性发展。教师要增加对学生偏差行为的宽容，加强对学生成长规律的研究，冷静地从学生自身和环境条件两方面分析学生行为的成因，有的放矢地改善环境条件，采取包括对话、训练、奖惩在内的多种有针对性的措施，全方位指引学生的思想观念和行为方式，促使学生逐步意识到道德规则的真正意义并且出于义务而自主遵行规则[1]，经由他律走向自律。

涂尔干指出：“为纪律赋予权威的，并不是惩罚；而防止纪律丧失

[1] 檀传宝．德育美学观[M]. 太原：山西教育出版社，1996:125.

权威的，却是惩罚，如果允许违规行为不受惩罚，那么纪律的权威就会逐渐为违规行为所侵蚀。”[1] 由此可见，惩戒是完备的学生管理规章的必要元素，是维护学生管理规章权威性的必要安排，也是为达到促进学生发展这一良善目标而不得不实施的“恶”。在运用教育惩戒这一典型的法治手段时，教师尤其要在细节处落实德法共治，使依法依规惩戒学生的过程体现教师的高尚品德和真挚师爱，实施要点可以概括为温和而坚定。温和意味着尽可能少地采用惩戒方法，在不得不实施惩戒时优先选择对学生侵害最小的惩戒方式。坚定意味着前后一贯，常抓不懈；公平合理，一视同仁。教师要细致观察学生，做好对学生不当言行的早期识别，开展有针对性的指导、帮助、纠正；尽最大可能把违规学生留在教室、校园内，减少惩戒对学生受教育权及其他权益的伤害；做好惩戒过程中的人本关怀，及时识别学生在经受惩戒时的恐惧、愤怒、无助等心理波动，警惕惩戒可能引发的消极后果。教师要提升教育惩戒和学生管理智慧，突破板起面孔说教的传统形式，积极引入情景模拟、角色体验、伙伴教育、团体辅导等新颖形式，力争通过较低强度的教育惩戒发挥尽可能大的教育功能，促使学生尽快改过迁善，转变思想观念和行为方式。

## 第三节　文化引领：教育性学生管理的人文追求

在支持学生积极行为方面，校园文化、班级文化的重要性不容小觑。班级是学校实施教育教学工作的基本单位，也是学校开展学生管理的基本落实单位，优化班级管理是全面提高教育教学质量的必要举措。当前，班级文化建设正在各地中小学如火如荼地展开，广大教师希望发挥文化育人功能，依托积极健康的班级文化开展成效显著的学生管理。然而，

[1] [法]涂尔干.道德教育[M].陈光金，等，译.上海：上海人民出版社,2001:162.

当前我国研究者关于班级文化的学理研究还不够深入。本部分，我们拟探讨班级文化的内涵，阐析班级文化的风铃结构，分析班级文化建设的常见误区，提出面向全体、尊重差异的班级文化建设路径。

## 一、班级文化内涵与结构

《教育大辞典》收录了“班级文化”词条，指出“班级文化是作为社会群体的班级所有或部分成员共有的信念、价值观、态度的复合体”[1]。这一解释与文化学者认为“文化的基本要素是传统思想观念和价值”[2]的观点具有一致性。此外，有作者主张，班级文化是指班级全体成员或部分成员习得且共同具有的思想观念和行为方式，包括班级物质文化、班级制度文化和班级观念文化[3]。还有作者认为“班级文化体系由班级的精神文化、制度文化、行为文化、物质文化四个子系统组成”[4]。这些关于班级文化的界定把班级文化看作若干种文化的复合体，其规范性有待考证。由此可见，对于班级文化的内涵，我国学者尚没有形成一致意见。

笔者大致认同《教育大辞典》关于“班级文化”的界定，但认为这一界定对班级文化的内涵分析不够精细，如没有阐明作为组织的班级与作为个体的班级成员之间的关系，没有深入探讨“班级成员共有观念是如何生成的”这一关系班级文化建设全过程的问题。关于“班级文化”的内涵，笔者持如下基本主张：班级文化是身处特定班级的所有或部分成员共有的信念、价值观、态度的复合体；班级成员共有观念并不是独立存在的，而是人们对班级成员所持观念进行抽象和概括的产物；班级成员共有观念广泛体现在班级物质空间、班级制度、班级活动的方方面面，即人们可以通过对物质、制度、活动的深层解释概括出班级文化。

---

[1] 顾明远 . 教育大辞典 ( 增订合卷本 )[M]. 上海 : 上海教育出版社 ,1998：51.

[2] 周运清，等 . 新编社会学大纲 [M]. 武汉 : 武汉大学出版社 ,2004：234.

[3] 谭英海 . 略论班级文化及其对学生发展的作用 [J]. 当代教育科学 ,2003(10):6-8.

[4] 陈宇 . 班级制度文化的意义与特征 [J]. 班主任 ,2019(4):24-28.

### （一）班级文化产生于组织与成员的互动

在班级授课制背景下，班级是承担特定教育教学任务的组织，这一组织的基本活动是教育教学，活动使命是培养学生。班级成员长期受班级这一社会组织的物质空间、制度设计、活动安排、育人愿景及组织发展愿景的影响，会形成大致相似的行为方式、思维方式和信念、态度、价值观。作为“班级成员共有行为方式、思维方式、价值观的复合体”的班级文化一经生成，就会弥散于班级日常运作的方方面面，对全体成员的言行发挥重要的规范、引导作用。由此可见，班级文化是一种不容忽视的教育力量。

### （二）班级组织要素与个体要素具有丰富性

班级文化是一个外延宽广的复合体，既包含班级组织层面要素（简称组织要素），又包括班级成员个体层面要素（简称个体要素）。

作为一个社会组织，班级有特定的使命、活动、规范和空间，班级愿景、班级制度、班级活动、班级物质空间四类组织要素构成一组自内向外的同心圆。班级愿景表明班级存在的目的和意义；班级制度是保障班级活动有序开展、促进班级愿景达成的中介要素，它折射班级愿景，为班级活动的开展提供制度环境，也对所有班级成员的行为发挥约束和引导功能；班级活动指“班级做些什么”，其主要形式是课堂教学活动、师生沟通活动，此外还有形式多样的社团活动、小组活动、课外活动等；班级物质空间是班级活动开展的地方，主要指教室，也包括本班成员有时会使用的学校图书馆、餐厅、运动场、功能室、卫生包干区乃至整个校园。班级愿景对于班级制度、班级活动、班级物质空间具有深层辐射作用，而后者又会对前者产生或积极或消极的潜移默化的影响。

笔者将学生的思想观念和行为方式（含学习方式、人际交往方式、日常生活方式）看作班级文化的个体要素。思想观念指学生的人生观、世界观、价值观，尤其指人生理想、学习抱负、人际交往态度和组织纪律观念等。学习方式指学生上课、完成作业及承担各种学习任务的方式；

人际交往方式指学生处理自己与同学、教师、家人及其他社会成员和社会组织之间关系的方式；日常生活方式指学生在着装、饮食、卫生、排队等方面的具体表现。组织要素和个体要素之间发生着丰富的相互作用，学生普遍受到组织要素的塑造和规约，同时也会对组织要素发生能动的反作用。

（三）班级文化的风铃结构阐析

风铃是生活中常见的装饰品，笔者拟借用风铃形象来直观地说明班级文化各要素的相互作用。

风铃底座指班级组织层面诸因素构成的同心圆，由内而外分别是班级愿景、班级制度、班级活动、班级物理空间；一个个风铃铃铛指班级的每个成员（见图 1）。

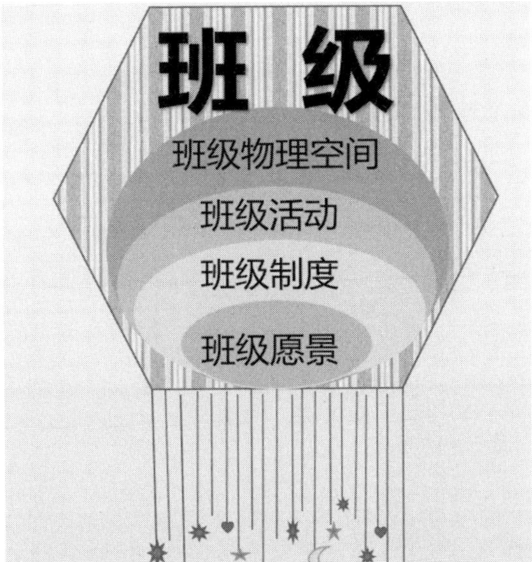


图 1　班级文化的风铃结构示意图

班级文化良好，就像和谐状态的风铃。各组织要素相互支撑，有机编织成一个积极的育人磁场，将绝大多数成员有力地团结在一起，每位成员的思想和行为与班级的定位相一致，大家总体上向着一个目标前进，学生能够体验到班级生活的美好，其成才潜能可以得到最大限度的释放。

班级文化不良，就像失衡状态的风铃。各组织要素构成的底座互不匹配，或者组织要素与个体要素之间、不同个体之间存在较严重冲突，整个班级面貌显得消极混乱。这样的班级让班级成员逐渐沉沦，丧失人生追求。

## 二、班级文化建设必要性与常见问题分析

班级文化不是一成不变的，而是处于动态、渐进的发展变化过程之中[1]。健康积极的班级文化能鼓舞、促进学生成长，而颓废消极的班级文化会阻碍、误导学生成长。班级文化建设就是教育者主动干预班级文化生成，促使健康积极的班级文化在班级扎根，以期充分发挥班级文化育人功能、推进学校教育教学目标达成的实践活动，是促使班级文化由自发状态走向自觉状态的一种努力。

### （一）班级文化建设必要性

在很多学校，尤其是薄弱学校，颓废消极的班级文化正在日复一日地侵蚀着众多学子的理想和品格，开展班级文化建设极具必要性和紧迫性。在某市若干所乡镇初中调研时，笔者看到了下面几个班级。

A 班：教师提问范围仅限于几个学生，很多学生的表情是麻木的，最后一排有两个学生一上课就趴在桌上。下课后，学生三三两两地走出教室，在走廊里嬉笑打闹。

B 班：教室入口处张贴了班务栏，上面只贴了一张课程表，“作息时间表”“班级值日表”“通知栏”标题下全部是空白。教室墙面污浊，墙上只有两条标语，并且散布着学生随意涂写的文字。

C 班：教室前方悬挂着“班级管理流动锦旗”，下面是“班级之星”表彰栏，分门别类地贴着“团结星”“进步星”“体育星”“劳动星”“书

[1]　林冬桂．论班级文化的功能及建设[J]．教育导刊，2000(11):11-14.

写星”等纸条，但没有贴任何一名学生的名字。笔者下课后询问一名学生，该生回答：“我们搬到这个教室时墙上这些纸就是旧的，下面从来没有贴过东西。”

D班：教室后墙上贴了很多张奖状，但笔者仔细阅读这些奖状，发现都是四五年前发的。本校是一所初中，显然，这些荣誉与现在教室里的学生没有任何关系。

笔者围绕这些现象进一步展开观察、访谈，发现这些学校的班级文化处于自发且芜杂的状态。

从愿景层面看，班级缺少进取精神，教师没有进行有力的思想引领。有教师说：“我们这里一个班没有几个学生能考上高中，考上高中的也很难考取大学。有些学生到初二就不想读了，只是在学校里混日子等毕业罢了。”

从制度层面看，班级缺少严明规章，教师对学生学业期望偏低，疏于管教；学生不听讲是常事，只要不扰乱课堂，教师就听之任之；作业完成率不高，教师也很少为此责罚学生或想其他办法解决。

从活动层面看，班级缺少有吸引力的活动，班级精神生活苍白。很多寄宿制初中没有社团，学生课余生活单调；教室墙壁上看不到一张奖状，说明这些班级乃至学校很少开展集体活动。某校操场设施齐全，但在笔者数次访校时，该校均未组织学生做过广播操。

从物理空间层面看，教室布置凌乱，缺少教育气息。有的教室后方地面上散乱地躺着几把笤帚，图书角专用书柜里的书歪歪斜斜地挤成几堆，看起来应该好久没人光顾了。有的教室张贴的装饰画、荣誉榜边缘没有黏好，无精打采地垂了下来。

根据以上见闻，笔者大致可以断定，这些学校的班级文化处于粗放自发状态，教师没有着力开展班级文化建设，对班级愿景、学生言行各层面均缺少有力指引。教育部倡导通过优先发展教育阻断贫困代际传递[1]，而这里贫瘠的班级文化，不仅不能帮助学生树立理想、实现抱负，反而可能成为复制贫困的助推器。

### （二）班级文化建设常见问题

随着各级教育行政部门的倡导，班级文化建设已经在中小学蔚然成风，大批教师或主动或被动地着手开展或高明或粗糙的班级文化建设。调研显示，班级文化建设存在如下常见问题。

问题一：将班级文化建设等同于教室环境布置，忽视班级文化建设的系统性。面对学校布置的班级文化建设任务，一些教师急就章式地把教室环境布置起来，购买书架、盆栽、墙贴，在很短时间里让教室外观焕然一新。教室布置可以在一定程度上优化学生的学习环境，但不足以有力地引导全体成员的思想态度和价值观。如果教师不能针对学生的学习抱负、行为问题开展有针对性的教育引导，即使在窗明几净的环境中，也很难出现书声琅琅、生机蓬勃的可喜景象。

问题二：将班级文化建设等同于班级理念提炼，忽视班级文化建设的复杂性。一些班级基于全员参与的原则组织全体学生乃至家长一起讨论班名，提炼班级口号、班训、班规，设计班徽，最后确定具有吸引力的班级理念体系。这本可以看作是班级文化建设的良好开端，可是，很多班级就此止步了：班级理念虽然贴了出来，但在班级活动中没有得到体现，班级理念和学生在日常活动中体现出来的精神面貌如同“两张皮”。

问题三：将班级文化建设定位于确保升学率，忽视班级成员的异质多元性。有些班级文化建设片面强调升学，推行严苛管理，让学生日复一日地沉迷于“书山题海”甚或同学之间的挑战而没有喘息机会。这些做法不仅会危及青少年学生的身心健康和全面发展，而且可能导致部分成员的丰富心理需要长期被压抑、被忽视，以致产生自杀、攻击等极端事件。

[1] 朱之文．扎实推进教育脱贫着力阻断贫困代际传递 [J]. 行政管理改革 ,2016(7):4-10.

## 三、班级文化建设路径探讨

如何开展自觉有效的班级文化建设，让良好的班级文化以鲜明正确的导向引导鼓舞学生，以内在的力量凝聚、激励学生，以独特的氛围影响、规范学生，是摆在我们面前的重要课题。

第一，明确方向，根据班级实情确立面向全体、尊重差异的班级文化建设目标。

随着社会转型的深入，班级生源多样成为不争的事实。教育者必须正视班级实情，既面向全体，又尊重差异，有针对性地思考“本班需要一种怎样的班级文化”这一问题。对此问题的解答必然是见仁见智的，笔者建议将“进取、参与、包容”作为班级文化建设目标，促使其成为班级成员的共享价值观。

“进取”主要处理学生与学业的关系，应该成为班级倡导的首要理念。学习是学生的天职，也是成长为合格公民的坚实阶梯。俗语云：“树无根不长，人无志不立。”《庄子》云：“哀莫大于心死。”有些学生缺少理想抱负，在日常生活中有一种“混日子”的心态，这既是对自己人生的不负责任，也会给未来的家庭稳定、社会发展留下隐患。教育者首先要鼓励学生立志，帮助学生确立愿意为之奋斗并且具有现实可行性的理想，让中小学阶段的学习和生活成为持续追梦的攀登过程。

“参与”主要处理学生与集体和社会的关系，指学生要关注集体和社会，在课堂内外成为班级生活、校园生活、家庭生活、社会生活的积极成员。社会参与是当代人的重要素养，体现了个人对团队和社会的认同、归属和责任担当。有的学生心灰意冷，对课堂学习、班级、校园乃至家庭、社会缺少情感认同，觉得这些都与我无关。这种将自我排除在社群之外的心态有深远的消极影响，一方面导致学生抗拒学习、疏离集体乃至辍学，另一方面诱使学生沉迷网络，涉足违法犯罪等反社会行为。教育者要确立“一个也不能少”的信念，学会双管齐下，既加大对学生的监管督促力度，又着力增强班级和校园生活的趣味性，努力把那些在课堂内外的旁观者、游离者吸引过来，持续调动他们参与课堂学习、参加集体活动的积极性。

“包容”主要处理学生群体共性与个体特性的关系。学生的学业水平、人生理想乃至体质状况等呈现多元异质格局，教育者要学会包容，接纳每个学生有差异的现状，给予学生各因其材的关爱，鼓励每个学生以适合自己的方式确立成长目标，参与集体事务；教育者还要教导所有学生学会包容，相互尊重，彼此友善，和睦相处，成为彼此成长道路上的欣赏者、鼓励者、监督者和促进者。

第二，统筹路径，由内而外、点面结合地打造具有支持性的班级文化。

一是要筑牢底座，综合运用思想动员、制度约束、活动鼓舞、环境布置等方法，促使积极的育人愿景和团队发展愿景在班级组织中落地生根。教师可以结合伟人事迹、身边榜样及本人成长故事阐发人生哲理，促使学生认识到奋斗、学习、团结的重要性，为班级确立充满正能量的愿景；依托《中小学生守则》和校规，引导学生制定班级公约，用班规来有力指引学生成长进步，减少不当行为；认真负责地开展因材施教的课堂教学，组织学习竞赛、文体活动、特色庆祝活动，用丰富的班级活动最大限度地调动学生的积极性，满足学生的成就动机，给学生提供践行进取、参与、包容的多种机会；布置整洁、美好的教室环境，做好班级理念、班规、班级榜样人物的直观展示，发挥每一面墙壁的育人功能。

二是要关心每一个学生，有机开展集体引导和个别辅导，使班级文化建设既面向全体，又有所侧重。教师不仅要通过班级活动、小组竞赛等开展面向全体学生的教育引导，还要针对学生具体情况开展一对一的沟通、鼓励、督促、引导。人无完人，多数学生在学习态度、学习能力、日常行为习惯等方面存在各种各样的不足和问题，这要求教师蹲下身来，细致了解每一名学生，帮助学生找到适合自己的成长方向，从班级生活细节着手为他们搭建展现风采的舞台，耐心地逐一唤起他们的进取精神和合作意识，从而促进班级形成百花竞放、异彩纷呈的可喜局面。同时，教师细致辅导每名学生（尤其是在本班处于边缘的学生），最能体现教师的敬业态度、仁爱之心、包容精神，既能帮助教师赢得学生的信任，也能为全体学生树立值得效仿的榜样。

第三，创新机制，构建学校、家庭、社区协同支持班级文化建设的育人共同体。

班主任是班级文化建设的设计者和协调人。班主任要善于学习优秀同行的工作经验，在模仿的基础上创造性地开展立足班级实际的班级文化建设。全体教师要关注班级文化建设，认真备课上课，立足各自岗位尽己所能地给予学生以引导和鼓励，让学生感觉到被关心、被尊重、被悦纳。学校管理者要努力通过校园仪式、大型活动、宣传橱窗、广播站等平台倡导团结进取的校风，向洁、绿、亮、美的方向改善校园环境，细致优化校园管理，让校园文化建设成为班级文化建设的坚强后盾；寄宿制学校尤其要改善学生的就餐和住宿条件，将对学生的关爱和尊重落细、落小、落实，从而调动学生成长成才的主动性。

班级文化建设迫切需要得到家长的参与和支持。教师要善于运用家访、家长会、家校联系手册、在线沟通等方式对家长做好思想动员，帮助家长掌握及时欣赏、积极沟通等家教艺术，营造融洽亲子关系，让家庭成为支持孩子茁壮成长的港湾。对于留守学生的家长，教师要加强联系，动员家长通过经常与孩子通话，不定期给孩子写信、寄送学习用品等方式来传递对孩子成长的期望。此外，学校、教师要创造性地吸引当地企事业单位、社区知名人士、优秀校友等走进校园，走进班级，为学生树立身边的榜样，壮大学校育人共同体。

学生既是班级文化建设的受益者，也是班级文化建设的主体。教师要调动学生规划人生、热爱班级的积极性，动员学生思考“我希望怎样度过中小学”“我希望生活在一个怎样的班级中”“我对班级有哪些期望”“我可以为班级做些什么”等问题，让班级文化建设更加切合学生思想实际，让教师的引导和学生的个性在班级文化建设中交相辉映、相辅相成。

## 第四节　细节完善：教育性学生管理的制胜之路（一）

在校园实践中，班会通常被看作学校开展学生管理的重要阵地。由于工作关系，笔者观摩了很多主题班会，其中绝大多数是在展示、评比活动中的主题班会。用主办方的话来说，这些主题班会“代表了该校（或该地区）主题班会的最高水平”，笔者概称它们为精品主题班会。在观摩、欣赏这些主题班会的时候，观众时常被环环相扣的活动设计、精致加工的师生语言、新意迭出的精彩片段所吸引和打动；然而，在感慨、感谢和赞美的同时，笔者认为，展示活动中呈现的精品主题班会陷入“表演化”误区，如果将这些活动作为范本加以推广，对于提升学生管理实效而言并不见得是好事。本部分拟对主题班会表演化问题进行分析，提出相应的对策建议。

### 一、主题班会表演化现状

我国中小学课表安排了专门的班会时间。班会占用课时，但并不是常规意义上的“课”。根据《教育大辞典》，班会是以班级为单位召开的全体成员会议，该会议用来讨论并解决班集体学习、生活中的各种问题；是学校进行德育的一种组织形式；有助于培养学生的民主意识，锻炼自治自理自主能力，形成巩固的班集体。

班会有不同的形式，有时一次会议讨论和处理很多问题，有时一次会议集中讨论一个问题。主题班会就是围绕一定主题而举行的班会。主题班会所选的主题主要包括：①学生共同关心、感兴趣的问题；②学生之间认识有分歧的问题；③集体中产生的较重大的问题。主题班会以提高认识、发展个性、愉悦生活、促进良好班风形成等为目的。研究者认为，组织主题班会，具有加强班级建设、优化师生关系、促进学生发展等教育功能[1]。

为提高德育实效性，很多学校要求班主任组织主题班会，以减少占用班会时间讲课、把班会课变成批评课的情况。不过，常规主题班会容易出现这样的问题：①班会主题由管理部门布置，不一定是学生真正关心的问题，对学生缺少吸引力；②班会仓促上马，教师和学生都缺少准备，活动形式单调，缺少趣味性、知识性和教育性；③教师“一言堂”，班主任联系主题对本班提出要求，学生只有听话、附和的份，没有机会表达真实想法。

展示活动中的精品主题班会往往经过了长期的准备和打磨。相比普通主题班会，这些班会具有突出的优点：①主题鲜明突出，针对性强，有吸引力；②内容丰富，形式生动活泼，学生喜闻乐见；③发挥学生的兴趣爱好和特长，学生参与面广；④班主任退居幕后，学生成为班会的主角。

在看到这些优点的同时，我们又有一些担忧。尽管一些真正优秀的班会达到了真实的教育效果，然而，很多精品主题班会看起来很美，对于观众来说是视觉、听觉的盛宴，对班上的学生来说并不见得是好事，因为这些班会陷入了表演化误区。

主题班会是一种教育活动，其首要目标是促进学生发展；然而，表演化的主题班会却把打动评委和观众作为首要目标，育人目标被悬置。表演化的主题班会有以下共同特点。

1. 活动形式多样，环节多变，让人目不暇接

精品主题班会成为一种特殊的公开课。相比各学科的公开课，主题班会不受学科、学段的限制，没有确定的教学目标，所以，教师们在设计活动时拥有更大的自由空间。在四十分钟的班会活动中，既有小组讨

[1] 张亚男．中小学主题班会研究综述 [J]. 教学与管理 ,2009(9):20-22.

论、全班交流、个别提问、教师点评等常规环节，又有辩论、话剧表演、合唱等花样展示。学生的各方面才艺都被充分利用，十八般武艺齐上阵，如在导入环节安排学生的乐器表演，在讨论间隙安排学生表演舞蹈或者唱歌，欣赏性大大提高。班会过程充满了环节变化，迅速地深化主题，让人眼花缭乱，目不暇接。

2. 师生语言精美，一言一行落落大方，没有怯场、漏字等瑕疵

在展示活动中，主题班会的主持人大都由学生担任。小主持人有板有眼地进行主持，引导各种环节之间的过渡，引入全体学生的精彩表现；在举手发言、分组辩论时，发言针锋相对、滔滔不绝，有时还会出现一些认知冲突或者与主流观念相反的观点；教师会进行适时的点评和小结，仅寥寥几句话就能让学生们走出迷茫，将讨论带入一个新高度。在此过程中，学生表现出了宽广的视野、流利的口才和落落大方的演讲艺术，教师表现出了娴熟的教育艺术和随机应变的教育机智。评委往往会表扬这一点，然而，如果学生所说的话都是事先写好的、背熟的，如果学生之间以及师生之间的交锋、冲突都是事先安排好的，这样的主题班会是否还应该得到那么高的赞美呢？与小主持人的有板有眼、学生的唇枪舌剑相伴的，是主题班会有太多的预设，教师安排好了所有的细节，学生们的任务就是像演员一样把教师安排好的冲突表现出来，最后给观众造成一种通过班会解决了重大问题的印象。

3. 一节课解决一个问题，课堂效果令人难以置信

精品主题班会的主题必定是一个备受关注、比较棘手的突出问题，并且这场班会活动必定能解决问题。以最流行的“感恩”主题班会为例，班会活动以某些年轻人或者本班学生不知感恩、让父母伤心的事件为起点，通过一系列的情境体验、观点阐发，全体学生为之动容，泣不成声，最后大家一起高唱《感恩的心》，或者自愿分享感恩父母亲、回报社会的行动计划。就班会本身来说，活动效果可以用“立竿见影”来形容。然而，学生们是不是真正因为这一次活动而受到教育呢？这一次活动所

带来的感动，能够持续多久呢？这实在需要打一个问号。

主题班会表演化问题的危害是主题班会育人功能的迷失。中小学组织主题班会的出发点是引导学生发展，帮助学生更全面、深刻、正确地理解学习、生活中的现象和问题。然而，表演化的主题班会却“为表演而表演”，将全体学生变成演员，学生只是在背诵教师设计好的台词，他们自己的真实想法并没有出场，又如何能够实现思想观念的进步？在参加正式展示活动之前，班主任要带领学生们对该班会进行数次彩排、打磨，可以说，学生们的表演越是精彩，越是没有瑕疵，主题班会的表演化问题就越严重。如果研究者、管理者为之鼓掌叫好，甚至大面积推广这种主题班会，学校德育就会在错误的道路上越走越远。

## 二、主题班会表演化问题的成因分析

严重表演化的主题班会被搬到了区、市、省主题班会评选的展示会场，获得大小不一的奖项。为什么会出现这样的局面呢？笔者认为，相关部门举办主题班会评选活动是教师精心编排主题班会的诱因，主题班会评选标准不明确、不合理，是主题班会表演化的直接原因，而德育在学校中地位不高、一线教师对德育的学科化理解，是主题班会表演化的深层原因。

### （一）各级主题班会评选活动纷纷举行，是教师精心编排主题班会的诱因

在学校里，很多班主任对于组织主题班会缺少热情，德育处必须做出“不开主题班会就扣分”等规定才能让班主任勉强为之，然而，这些规定只能强迫教师组织班会，但不能确保主题班会的质量。为了调动教师的积极性，充分发挥主题班会的育人效果，各级教育行政部门、教研机构相继组织主题班会评选活动，这些活动所授予的奖项，对于教师晋升职称、评定绩效工资、评选先进工作者等有一定帮助，于是，教师愿意精心编排一些主题班会，学校领导也倾力支持教师精心打磨这些主题班会。

开展主题班会评选，在某种意义上有其必要性。当前中小学校普遍面临德育实效性低迷的问题，面对这些问题，理论研究者纷纷发表见解，提出对策，而一线教师需要看到能够将这些观点和对策具体化、形象化的载体。展示活动中的主题班会经过了细致打磨，体现了尊重学生主体地位、注重情境设计和学生体验等现代德育理念，对于宣传现代德育理念、倡导学生管理转型有一定的促进作用。然而，这些主题班会带来的消极影响也不容小觑。

### （二）主题班会评选标准不明确、不合理，是导致主题班会表演化的直接原因

怎样的主题班会是优秀的，哪些能够获奖，哪些不应该获奖？评选活动中的关键问题是评选标准或者评分体系，标准合理，能够评选出真正优秀的主题班会，能够引导主题班会设计和组织的正确方向；标准不明确、不合理，所评选出来的“优秀主题班会”就需要加上引号，而且会把教师设计主题班会的精力引入歧途。

大量主题班会评选并没有明确标准。评委由教育学教授、教研员、知名班主任或校长担任，他们基本上根据个人观点和经验来打分，评分标准和对学科公开课的评分标准差别不大：主题是否新颖、有针对性；教师的设计是否流畅，有没有体现教育机智；学生们的表现是不是落落大方，有没有出现表达上的瑕疵；活动流程是不是赏心悦目，是不是有新意；教师在活动结束后的“说课”是不是体现了现代德育理念……班主任的资历、学校的排名等因素也会影响评分。

这种并不规范的评选标准存在极大的问题：一是主观性强，没有确定标准；二是只看重表演过程，而不追问真相和活动效果，尤其是活动效果的持续性（活动过程中也会显现一些效果，如学生流泪或者承诺，但没人去追问这种效果能不能持续）。于是出现了一种怪现象：评委明知学生们参与同一场主题班会已经高达四五次，明知学生们表达出来的

感动、忏悔都是教师安排的剧情，仍然给这场班会打出高分，让教师获得相应奖项。主题班会在作假，而评委在支持这种作假，于是，作假就越来越严重：教师们努力选择最容易引人入境、打动学生和评委的主题，于是，感恩教育盛行，不把学生弄哭不罢休，“学生哭了”成为班会成功的标志；教师做起了编剧，把班会活动安排得像文艺晚会一样丰富；教师客串做“枪手”，给学生写好发言稿，让学生把稿子上的台词很认真、很动情地说出来（有时现场会出现学生把下一段的台词提前说出来的情况）。

### （三）德育在学校中地位不高、教育界对德育的学科化理解，是造成主题班会表演化的深层原因

当教授、教研员为表演化的主题班会叫好时，他们实际上也参与“造假”，一起成了这场闹剧的演员。为什么大家会共同演戏呢？笔者拟提出两个深层因素。

1．主题班会评选活动本身就是一种表演

众所周知，德育活动在学校里的地位不高，“说起来重要，做起来次要，忙起来不要”。进行主题班会评选，让这种平时没有认真去做的活动在某一天里成为工作的主题，到场的教师、校长摆出一副平时就认认真真抓德育的姿态，整个过程都是在表演。学校、教师积极参加主题班会评选，不是为了向专家请教如何解决德育中的问题，而是为了获奖而来；主办方和评委明知学校的来意，但还要盛赞学校、班主任重视德育、重视主题班会。有时主题班会展示是在某所学校举行的，学校会让全体学生停课来“表演”，各班在校园里展示他们的拿手好戏，似乎重视德育是本校的一贯做法。整个事件看来就是一场大表演：学校在表演重视德育，教师在表演重视主题班会，学生在表演重视品格修养。整个事件又披上一层薄纱，就是没有一个少不更事的孩子来捅破窗户纸，大声说出“皇帝身上并没有衣服”的真相。

2．主题班会成为公开课的一种类型，是教育界对德育的学科化理解的客观结果

当前，主题班会甚至成为公开课中难度最大的一种，因为很多评委期望教师在主题班会中完全退居幕后，让学生成为班会的主人。为了让评委满意，教师不得不给学生提供一个极其细致的剧本。评委们希望在四十分钟里看到学生的情感起伏、思想变化、品格发展，教师就努力设计情节，让班会成为微型剧场。然而，学生的思想变化和品格发展，无法用课堂上的表态和流泪来证明，必须由课后的实际行动来检验，但主题班会评选只看课堂上的表现或表演。这里所体现的是对德育的学科化理解，即把德育看作一门特殊的学科，希望通过孤立的主题班会、德育课达到培养学生良好思想道德品质的目的。然而，众多教育学家早就指出，仅仅依靠德育课上的直接教学，是无法培养真正的道德品质的。

## 三、如何走出主题班会表演化误区

当前很多教师和研究者已经意识到主题班会表演化的问题，不仅从精选班会主题、优化活动设计角度进行研究，而且提出主题班会系列化设计等观点，如李伟胜主张着眼于学生的整体长远发展来规划主题班会活动，将主题班会前期策划准备、活动实施和后续总结延伸等整合成一个大项目[1]。笔者认为，从制度安排来看，孤立地举行一两次主题班会，不可能培养稳定的道德品质；遵循德育规律，吸取已有经验，全面实施德育主题周活动，不仅能给德育主题班会提供适宜平台，而且能够从根本上扭转德育实效性低下格局，减少或者杜绝表演化的主题班会评选及其他类似德育活动。

### （一）德育主题周活动的含义和可能价值

在中小学校开展德育主题周教育活动，是在学校中扎实开展德育工作的一种方式。具体来说，学校、班级每周确定一个德育主题，通过多种平台和活动让学生接触、体验这一主题，在学习、生活、思想观念上

[1] 李伟胜．主题班会系列活动设计的层级建构[J]．中国德育,2012(9):8-10.

受其影响从而实现品德发展，是改进德育实效、彰显德育特色的较好选择。

欧美学校在开展品格教育时，经常会采用主题周形式；我国有一些学校试用这一形式，也取得了不错的效果。依据国内外经验，德育主题周教育活动能够广泛调动教师和学生的积极性，做到德育工作全员知情、全员参与；能够引导学生逐步深化认识，生成兴趣，养成习惯，发展品格；能够纠正学校德育的形式化问题，提升德育有效性。

相比利用班会课时间开展主题班会活动，德育主题周能够更好地实现德育目标：①德育主题周活动以周为单位，让学生持续接触一个重要的德育主题，反思相关问题，实现品德成长。②德育主题周活动通过多种平台和活动展开，努力给学生创造一种积极的德育场，促使学生在与环境的积极互动中实现品德成长。③德育主题周活动围绕学生发展和班级建设中的重大主题展开，全方位引导学生品德发展的方向。德育主题周活动要求每周选择一个主题，确保每周主题之间的系列性和连续性，能够覆盖学生成长和班级发展中的重要主题，避免德育工作的零散、无序。

### （二）德育主题周活动的开展方式

目前我国关于德育主题周教育活动的探索，还处于起步阶段。综合国内外实践，考虑到我国中小学校教学任务重、班级规模较大等特点，我们拟提出如下的实施思路。

#### 1. 德育主题周的基本平台建设

为了尽可能全面地建设“主题德育场”，我们建议开发、建设德育主题周的基本平台，让学生以多种方式“触摸”主题，具体包括：

（1）教室门口放置主题标示牌。在教室入口处制作一个标示牌，方便将本周主题插入、取出。标示牌要朴素、大方、美观、有创意。

（2）大黑板上开辟主题教育栏。在大黑板上开辟一小块空间，让值日学生每天在上面写一句与本主题有关的名言，要求所有同学抄录到日记本上。

（3）教室后面增设主题教育专用展板。在教室后面增设一块简单、大方的主题教育专用展板，在上面张贴与本主题相关的故事、散文。为了节省时间和精力，张贴材料可以打印，也可以由学生自主设计。

（4）全班轮流写作主题日记。班级设立主题周日记本，每天由一位同学负责写作日记。该同学要抄录当天的每日一句，写作与该主题有关的日记。

（5）教师写作主题活动告知信和小结信，促进家校合作。班主任以电子信件等方式，告诉家长上周班级情况（含主题教育情况）和本周班级计划（含本周主题教育计划），保持家校密切合作。

（6）开展与该主题相关的实践活动。实践体验能够综合调动学生的知、情、意、行，在时间、资源允许的情况下，应该开发与主题相关的实践活动，如高年级学生帮助低年级学生的活动、清洁花园的活动等。

（7）利用班会时间开主题班会，引导同学们集中回顾一周内的成长和重要经历，深化对该主题的认识和体会。

（8）填写主题周活动计划表和小结表。两个表格要确定相对固定的格式，方便教师填写和存档。

（9）拍摄相关照片。班主任、德育处要拍摄相关照片，以备以后使用。

2. 德育主题周的辅助平台建设

德育主题周教育活动希望班主任、全体教师增强德育责任意识、策略意识，研究德育问题，提高德育有效性。德育主题周活动可以在如下方面进行延伸和探索：

（1）组织德育主题周的“集体备课”。两三个班主任共同负责一个主题周的资源包开发、案例探索，而后将基本成形、方便直接使用的主题周资源包和实施案例提供给全校班主任。其他班主任可以在此基础上进行创新，也可以直接拿来使用。

（2）每位班主任每学期围绕某一主题，进行细致设计和探索，努力生成优秀案例和论文。

（3）科任教师依据每周主题，在课堂上进行一定的阐发，提供或设计一些有价值的阅读材料和实践活动，更好地发挥课堂教学的德育功能。

（4）开设主题周活动专用网页，将主题周活动的方案、图片、事迹、阅读资料发布到网上，吸引学生、教师、家长阅读、回帖，开辟网络德育平台。

### （三）以主题周为背景的主题班会应该如何开展

在笔者所设计的主题周活动平台中，主题班会扮演着承前启后、深化主题的重要角色。班会时间可以通过多种方式加以充分利用：师生围绕本周主题进行讨论、辩论；师生进行主题周活动的小结，学生反思、交流一周以来的进步；师生进行下一个主题周活动计划的布置、讨论和调整，思考下一个前进目标。因为有了本周活动的铺垫，学生们对于本周主题有真切的思考和感受，能够在班会时间与教师、同学进行开诚布公的交流，相互启发，共同进步。

从制度安排来看，笔者希望加强对学校德育效果的综合考评，减少对主题班会的片段考评。抽出专门的时间打造一节看起来很美的主题班会，并不能表明该校德育工作做得有多好。各级部门减少德育活动评比，给德育主题周活动提供更具实用性和操作性的资源包，反而能够给班主任以更大的支持和更宽松的工作空间，从而有助于慢慢调动班主任的德育积极性和创造性，为德育实效提升、学生管理创新寻到不竭源泉。

## 第五节　细节完善：教育性学生管理的制胜之路（二）

德育主题周的实施，将班会、主题班会置于一个前后相继的教育过程之中，初看起来是削弱了学校对班会的重视程度，实则是为班会、主题班会走出表演化、碎片化、形式化提供了现实条件。在学校德育改进、学生管理转型的大背景下，主题班会本身有没有优化的可能？笔者的回答是肯定的。本部分，笔者拟系统呈现课题组提炼的两种主题班会优化思路，供同行参考。

## 一、体验式主题班队会

### （一）道德情感体验在德育中的重要性探析

要做到学生心坎上，真正影响学生心灵世界，学校德育不应该是干瘪枯燥的，而应该是有血有肉、有情有义的。当前，学校德育中的一个现实问题是说教化、强制性、行为主义的德育工作方式很难发展学生对于道德规范和纪律准则的情感认同，由此出现了学生对于德育内容了解但不愿遵行、被动遵守却不主动践行、小时服从长大却时常违规的现象。依据个体品德发展规律，重视道德实践，加强对学生道德情感体验的培养成为必然的选择。

在个体品德结构中，道德情感处于至关重要的位置。德育的目标是培养受教育者相应的思想品德，就品德的内在结构而言，中外学者普遍认可“三要素说”。南京师范大学主编的《教育学》这样解释：“思想品德，从其心理结构说，包括政治的道德的认识、情感、行为等基本要素，简称知、情、行，……人的思想品德是知、情、行几方面的有机统一体。德育就是在晓之以理、动之以情、导之以行的辩证统一中培养学生的思想品德。”[1]还有一些研究者认为品德是道德认知、道德情感、道德意志和道德行为的复合体。这两种观点其实是一致的，因为从心理学的角度来看，意志也属于情感范畴。

欧美学者普遍将品德看作认知、情感、行为的复合体。理查德·哈什在《道德教育模式》中将关心、道德判断和行动看作个体品德的三

[1] 南京师范大学教育系．教育学 [M]. 北京：人民教育出版社，1984:231-232.

要素[1]。杜威认为，知识、感情、能力三者有机结合，构成公民的良好品德，他这样分析三者的内在统一关系："道德有三个部分：（一）知识；（二）感情；（三）能力。先有了知识，知道因果利害及个人与社会的关系，然后可以见诸行为。不过单有知识，而没有感情以鼓舞之，还是不行，所以，又要感情引起他的欲望，使他爱做，不得不如此做，对于社会有一种同情和忠心。但是，单有知识感情还没有用，所以还须有实行的能力，对于知道了要做和爱做不得不做的事体，用实行能力去对付它。"[2]

情感是由认知转化为行为的推动力，道德情感因而是个体道德行为的内在动力。就认知层面来说，中学生知道应该关心父母，帮助父母分担家务，就行为能力来说他们有能力承担洗碗、扫地这样的家务，但很多学生并不做这些家务，就品德内在结构来分析，就是学生的道德情感不够发达：没有充分发达的对父母的体贴和关心；没有充分发达的对"寄生虫"生活方式的反感；没有做家务的兴趣。

对我国的广大中小学生来说，知行不一的现象较为普遍。学校开设了专门的德育课，学生并不缺少爱国守法、团结友爱等方面的知识，但学生"说一套，做一套"，在缺少监督和奖惩机制时不能做出相应的道德行为，究其原因，就是在长期的教育实践中，学生的道德情感体验不受重视，道德情感没有得到相应的发展，个体的道德行为因而缺少内在动力。

客观来说，道德情感不够发达的问题并非只在中国存在。各国德育都或多或少地存在片面重视道德知识灌输、忽视道德情感体验的问题。早在 20 世纪中期，英国学者麦克菲尔就针对道德教育的不足，倡导以道德情感为主的道德教育方法，编写了以真实生活情境中的角色扮演和行为选择为主要内容的德育教材，其方法被称为体谅德育模式[3]。美国

[1] [美]理查德·哈什，等.道德教育模式[M].傅维利，等，译.北京：学术期刊出版社，1989:2.

[2] 沈益洪.杜威谈中国[M].杭州：浙江文艺出版社，2001:158.

[3] [美]理查德·哈什.道德教育模式[M].傅维利，等，译.北京：学术期刊出版社，1989:57–66.

道德心理学家柯尔伯格强调社会认知的发展是道德发展的重要条件，他认为社会认知既包含认知因素，又包含情感因素，指个人之间在相互作用过程中理解对方的态度，意识到对方的思想情感，能够设身处地从他人的角度思考问题[1]。

世纪之交，我国德育研究者就道德情感体验在德育中的重要性进行了深入研究。朱小蔓教授在研究中发现现实学校德育中缺少情感的投入，一方面教师对德育缺少积极情感，另一方面也不注重培养学生对道德、善的积极情感，而这两点不利于德育有效性的发挥，“缺乏情感性是现行德育的机能性缺陷”。基于这一立场，她主张高度重视情感在个体道德形成及道德教育中的地位和价值，提出以情感体验为基础，以情感态度系统为核心，以情感与认识相互影响、促进为过程的情感性道德教育范式[2]。

檀传宝教授指出，道德情感的培养能够揭示并增强个体道德需要，连接道德认知和道德意志使之成为道德信念，推动个体做出相应的道德行动[3]，主张借助审美活动及审美情感激发学生的道德情感，他提出的欣赏型德育模式力图以美的形式呈现德育内容，引发学生的审美愉悦与对道德的积极情感，以积极情感为契机，推动学生开展道德实践，以增进情感体验、形成健全的伦理意识与相应的行为习惯[4]。

综合而言，麦克菲尔的体谅德育模式相对来说有较强的可操作性，可以供一线德育教学和班队会活动参考，但我国关于这一方面的研究资料极其有限。我国德育研究者的已有研究集中在哲学层面，需要更多地直面现实需要，将重视学生道德情感体验的主张贯彻到教书育人的各项活动之中。

### （二）道德情感体验与体验式主题班队会开发

我们倡导进行体验式主题班队会的研发，希望解决或缓解班队会存

[1] 转引自：鲁洁．当代德育基本理论探讨 [M]. 南京：江苏教育出版社，2003:104.
[2] 朱小蔓．道德教育论丛 2000 年卷 [M]. 南京：南京师范大学出版社 ,2000:60.
[3] 檀传宝．德育美学观 [M]. 太原：山西教育出版社，1996:81−87.
[4] 檀传宝．主体性德育——欣赏型德育模式论要 [J]. 深圳教育学院学报，1999(10):48−54.

在的如下问题：随意松散、不成体系问题，说教气息浓重、实效性缺乏问题，表演化倾向严重、本末倒置问题，千校一面、相互抄袭问题。

体验式主题班队会并不是一个严格封闭的概念，因为体验无时无处不在，即使一节最糟糕的主题班队会活动也会让学生产生某些情感体验。笔者将此概念界定如下：围绕某一德育主题，创设富有感染力的道德情境，通过角色扮演等方法引发学生相应情感体验的主题班会就是体验式主题班队会。体验式主题班队会强调以调动学生的情感体验为班会活动的首要目标，通过体验引发思考和行动，达成德育目标。

笔者试呈现一节小学体验式主题班会的简要流程，据此分析体验式主题班队会的育人机制与特征。

[活动示例] 请求帮助与回应

第一步：情景剧表演。

场景安排：两名学生坐在一个长条桌边，一名学生需要放在另一名学生身边的物品。

晓华：晓明，把红色的彩笔递给我！

晓明：没看我正忙着吗？自己去拿！

晓华：你离得近，快点拿给我！

晓明：我为什么要帮你啊？

晓华：（气愤地挥拳头）

晓明：（气鼓鼓地不理他）

第二步：小组讨论。学生分小组讨论，讨论问题包括："晓华和晓明发生矛盾的原因是什么？""如果你是晓华 / 晓明，你会怎样说，怎样做？"各组学生在讨论基础上按不同要求（晓华有礼貌地请求帮助而晓明粗鲁地拒绝；晓华粗鲁地求助而晓明有礼貌地回应；晓华和晓明有礼貌地对话）改编剧本并在全班进行表演。

第三步：交流与反思。学生汇报讨论结果，主持人分享与此相关的故事，提示同学们思考在日常交往中如何做一个有礼貌的人，更好地与他人相处。如果时间允许，请学生在小组内模拟面对不同情景时的恰当应对方式。

在本个案中，我们希望学生在观看情景剧和讨论、创编、表演的过程中体验到德性之美，具体来说包括体验到遵行美德所带来的感动、震撼、喜悦、愉快，违反美德所带来的恐惧、不安、焦虑、厌恶等。

笔者认为，体验式主题班队会应该重视如下的体验育人机制：

（1）问题情境激发思考与体验。活动以基于学生生活实际且有一定情节和冲突的情境为导引，促进其他环节的展开。

（2）角色扮演促进思考与体验。主持人提出思考题，启发同学们换位思考，设身处地地为他人着想，感受当事人的喜怒哀乐。

（3）典型故事深化思考与体验。主持人可以提供一些社会生活中真实发生过的事例，以此来深化同学们的思考与感受。

（4）格言警句升华思考与体验。主持人可以用名人名言对讨论主题进行概括，引导大家更好地思考主题。

（5）实践行动落实思考与体验。主持人布置一些切实可行的实践任务（如熟练使用礼貌用语），将同学们的思考与体验引入实践，促进习惯养成。

体验式班队会的特征可以通过与说教式班队会和表演化班队会的比较来加以说明。

为什么说这个班会是体验式班会而不是说教式班会？本次班会主要通过情景剧来引发学生的体验和思考，让学生表达自己的是非观念，教师基本上可以退居幕后。教师不强迫学生表态，而是期待学生自己领悟生活中的道理，实现道德成长中的自主建构[1]。

为什么说这个班会是体验式班会而不是表演化班会？客观来说，体

[1] 肖川．主体性道德人格教育[M]. 北京：北京师范大学出版社，2002:167-176.

验式班会和表演化班会的界限并不分明。一次成功的体验式班会要求尽可能多的学生参与准备，尤其是情景剧的表演者应该投入精力，记住台词，忠实地表现编剧的意图。其他同学也应该事先了解班会主题，收集相关的故事或名言，有初步的知识、情感和实践经验准备。不过，体验式班会强调课堂上同学们所表达的是现场的真实感受，而不是经过彩排后的发言，即学生在小组讨论和汇报环节的发言应该是现场生成的。成功的体验式主题班会也可以具有很强的欣赏性，但参与者和观摩者能够感受到其现场生成的真实性。

### （三）体验式主题班队会的实施要点

其一，依据主题需要及学生特点，进行适当设计。

调动学生情感体验的方式应该是真切、自然的，不同主题应该采用不同的方式。有的主题适合于学生自编自演的情景剧，有的主题适合于实践体验，有的主题适合于影视观摩，有的主题适合于朗诵、合唱等，教师要善于发掘和利用不同的方式和方法。自编情景剧形式灵活，可以较好地达到切合主题、贴近学生生活实际的要求，所以可以看作是最常用的导入方式。

在时间和条件允许的情况下，体验式班队会可以变身为体验式主题教育活动，即活动设计不必局限于一节课，也不必局限于教室，在时间和空间上应该具有开放性，比如面对“爱粮节粮”的主题，如果能够组织学生到农田进行挥汗如雨的劳动，显然比在课堂上表演情景剧更加深刻有效。

其二，扩大学生参与的范围，发挥学生在德育中的主体性。

在真正有效的德育活动中，学生应该是主人或主体，是真正的“参与者”与“当事人”，唯有如此，德育才能从教师塑造学生的活动变为学生主体“自己塑造自己”的活动或“自己构成自己”的活动[1]。学生参与面越广，主题班会的效果越好。教师应该尽可能多地动员学生参与

[1] 魏贤超．整体大德育课程体系初探[J]．教育研究，1995(10):48-54.

主题班会的设计、主持、表演、资料准备及发言分享过程中。每个学生都应该围绕活动写作主题教育周记，教师可以透过周记，了解主题教育的实施效果。

其三，重视研发过程中的平台建设，发挥研究过程对教师专业成长的促进作用。

体验式主题班队会的效果和特点，需要依托一系列主题活动的研发和实施才能充分体现；然而，教师工作负荷较大，是学校中的普遍现状，我们很难期望教师高度认真地设计每一节班会。面对这一难题，学校应该确立主题班队会的集体备课和资源共享机制，发挥教师集体的力量，融众人之力，为众人所用，节省教师在班会研发中的精力。学校可以精选传统美德教育、公民意识教育、生态文明教育、心理健康教育等方面的系列主题，安排每名教师集中精力研发一个主题活动，并开展相应的研讨、展示，最终，每名教师以较高质量完成一节主题班队会的设计和实施，并将这一主题班会所用到的设计方案、剧本、记录材料以及学生可能用到的故事、格言等汇编成册，供其他教师参考及使用。

## 二、戏剧化班会

### （一）在主题班会中应用戏剧教学法的可能性分析

戏剧是一种把文学、表演、音乐、舞蹈、舞台美术等融为一体的综合性艺术，优秀的戏剧作品把生活中的矛盾冲突提炼集中起来，以感性直观的形式再现现实，使观众获得作为生活事件目击者的异常生动强烈的感受[1]。因此，戏剧具有宣传功能、教育功能、审美功能、娱乐功能等多方面的功能。戏剧教学法不以培养专门的戏剧人才为目的，而是将戏剧作为一种教育的工具和手段，在教学中突出和强化戏剧的教育功能，以戏剧为载体来传递教育内容、丰富教学形式的教学方法[2]。

在欧美教育史上，戏剧教学法由来已久，经过几个世纪的沉寂之后，

[1] 李泽厚．略论艺术种类 [M]// 戏剧美学论集．上海：上海文艺出版社，1983:1.

[2] 徐俊．教育戏剧：基础教育的明日之星 [J]. 基础教育，2011(3):68-74.

自20世纪初开始又逐渐升温，当前已经广泛应用于二语习得、社会学习、地理、历史等领域的教学之中。当前，戏剧教学法一般通过创作性戏剧、即兴演出、角色扮演、模仿、游戏等方式进行。中外教学实践表明，戏剧教学法的引入，能够调动学生的学习兴趣，促进团作合作，锻炼学生的想象力、表达能力和良好的思维品质，在课堂上，一些教学实践主题凝练、形式活泼、情节丰富兼具教育性和美感，丰富了师生的学校生活体验[1]，因而，教育戏剧、戏剧教学法的相关应用和研究，成为当代中国课程和教学改革中的一个新热点。

从主题教育活动有效开展的角度出发，笔者认为，戏剧教学法很适合引入主题班会，增强主题班会的针对性、创新性、有效性。其一，精心编排的教育戏剧能够通过直观而浓缩的方式将人际交往、集体建设、社会生活中存在的问题、矛盾呈现给学生，增强班会课的新鲜感，避免沦为老生常谈。其二，教育戏剧提供了真实具体的矛盾冲突，可以调动同学们的思维，而且，有了戏剧这个载体，师生可以围绕剧中人的言行展开讨论，避免直接批评班上的同学，有助于大家畅所欲言。其三，教育戏剧的创编、演出乃至场景布置，可以让更多的学生参与进来，行动起来，学生的聪明才智和创造性可以得到很好的发挥，而且在参与过程中，学生对主题的理解也自然会得到深化。基于这样的立场，笔者希望在主题班会中引入戏剧教学法，开发戏剧化班会，发挥戏剧教学法的优点来促进主题班会的成功。

### （二）有效开展戏剧化班会的注意事项

我国中小学主题班会设计中一直以来都有注重角色扮演、情景剧演出的做法，这可以看作是戏剧教学法在主题班会中使用的萌芽和发端，如有的班会让学生怀抱数斤重物体验母亲怀孕的辛苦，让学生表演在公车汽车上给老人让座的情节等。这些戏剧元素的加入，是为了引发学生的兴趣，丰富班会的形式，提升班会讨论的水平。但笔者发现，很多班

---

[1] Geneva Gay, Mary Stone Hanley. Multicultural empowerment in middle school studies through drama pedagogy[J]/Drama Pedagogy. the clearing house.1999(4):364–370.

会对教育戏剧的引入停留在松散随意、浅尝辄止的水平，说教气息较重，情景剧的情节单调，缺少场景设计，缺少美感，其教育效果也随之大打折扣。如某教师在一堂名为《珍惜时间》的主题班会上，让学生表演所有同学都很熟悉的古人学下棋的故事（一个学生认真学习后来成为出色的棋手，一个学生三心二意最后一事无成），多数同学觉得这个故事没有任何新意，对于这个情景剧没有讨论的意愿，现场气氛并不活跃，最后教育效果也不理想。由此可见，在主题班会中引入戏剧教学法并不难，难的是如何巧妙引入、有效应用，发挥戏剧教学法的优点以达成主题班会的目标。

笔者认为，对如何有效开展戏剧化班会的讨论，应该沿着如下三条线索进行：①一堂优秀的主题班会应该具有什么特点？②一场优秀的教育戏剧应该具有什么特点？③教育戏剧应该如何在主题班会中使用？

1．优秀主题班会的评判标准

既然将戏剧教学法作为优化主题班会的一种途径，那么，我们可以做如下类比：主题班会是锦，教育戏剧是锦上所添的花；主题班会是皮，教育戏剧是皮上所附的毛。如果主题班会本身无病呻吟或者机械呆板，即使将经典名剧融入其中，也很难说这堂主题班会是成功的。

目前，对于如何评价一堂优秀的主题班会，我国并没有公认的统一标准。笔者试结合已有研究，提出如下标准。

其一，优秀主题班会应该具有针对性。从主题选择来看，优秀主题班会应该聚焦现实问题，体现细、小、实的特征，贴近学生、贴近生活、贴近实际，紧密联系学生需求和班级实情开展教育。

其二，优秀主题班会应该具有创新性。从班会内容、呈现方式、活动环节安排来看，优秀主题班会应该不落俗套，推陈出新，体现新思路、新角度、新特色，具有浓厚的趣味性，满足中小学生求知欲旺盛的特点，在活动中培养学生的创新精神，发展学生的创新思维，增长学生的创新才干。同时，创新要适当适度，体现寓教于乐、教育性与趣味性统一的原则。

其三，优秀主题班会应该体现主体性，坚持以教师为主导、学生为主体，让全体学生参与活动的全过程，充分调动学生的积极性、主动性。

其四，优秀主题班会应该具有实效性，根据教育规律和学生年龄特点设计活动，目标适切，主题鲜明，为学生所喜闻乐见，促进学生知行统一，解决学校德育、学生成长和班级建设中的现实问题。

笔者认为，针对性、创新性、主体性、实效性四个原则构成优秀主题班会的四个支柱，在此基础上，我们可以进一步探讨如何创编和引入教育戏剧，促使主题班会符合这四个原则。

2．优秀教育戏剧的评判标准

本文所指的教育戏剧是为了达成主题班会教育目标而使用的情景剧、角色扮演等戏剧手段的总称。教育戏剧是否优秀，目前也没有公认的标准，笔者试参考大众对于话剧、影视剧的评判标准做出推论，从主题、情节、场景、演员表演艺术等方面加以分析。

其一，优秀教育戏剧的主题应该集中，具有针对性。戏剧与日常闲谈的首要区别在于戏剧是有主题的，而戏剧主题要吸引观众就必须具有对观众而言的吸引力和针对性。一堂主题班会只有四十分钟，其中能够用于戏剧表演的时间可能只有短短几分钟，更需要提炼主题，像一些知名小品一样把观众吸引和调动起来。

其二，优秀教育戏剧的情节应该灵活、丰富，具有新异性。在剧场里，观众不愿意看到耳熟能详的情节，也不愿意欣赏主题思想一目了然、没有丝毫悬念的戏剧，而是希望通过慢慢欣赏来发现、归纳出主旨。教育戏剧虽然只有几分钟时长，但也要尽可能地创设情节变化，以达到引人入境、引人入胜的效果。

其三，优秀教育戏剧的场景布置应该切合主题，因地制宜。舞台场景是戏剧情节展开的平台，也是吸引观众入境的重要元素。主题班会的教育戏剧一般是在教室里现场表演的，很难有较复杂的布置，但还是可以通过简单道具、背景图画进行衬托，如这方面安排比较困难，也可以安排旁白人员用语言描述出相应背景。此外，在条件允许的情况下，演员们在礼堂、公园、录播室录好戏剧，请观众欣赏视频，也是不错的安排。

其四，教育戏剧的成功与否，还取决于“演员”的表演艺术和投入程度。一般情况下，教育戏剧中的演员没有充分的准备时间，有时甚至是一拿到台词就直接上台表演，这种表演基本上都是很糟糕的。为了提高教育戏剧的感染力，应该自剧本编写开始让学生演员参与，指导演员把握主题、领会角色、揣摩剧情，学会细致展现关键情节。个别难度较高的部分，由于时间、场景和精力有限，可以由旁白人员用生动的语言加以描述，以弥补演员表演的不足。

戏剧表演中常用的一句话是“台上一分钟，台下十年功”，学生演员所呈现的教育戏剧虽然不能与经典话剧相提并论，但在将教育戏剧引入主题班会时，教师和学生有必要发扬精益求精的工匠精神，努力从主题、情节、场景、表演艺术各个方面入手，完善每一个细节，这样才能成就一个优秀的教育戏剧。

3．在主题班会中使用教育戏剧的若干细节

首当其冲的一个问题是：我们要不要在班会开始时就宣布本次班会的主题？这样做，似乎已经成为主题班会的一个惯例，然而，这样做不利于创设悬念和吸引观众。假如主持人宣布班会主题是“珍惜时间”之后，观众自然知道接下来的戏剧是劝导学生珍惜时间的，这样的班会就不能称为戏剧化班会，而只是加了一点戏剧元素的说教式班会。笔者认为，在戏剧化班会的开始最好是学会卖关子，不能程式化地出示德育主题，而是在戏剧表演结束之后再以适当方式出示主题。

其二是在主题班会的哪些环节使用教育戏剧的问题。主题班会要引导学生围绕特定主题进行思考和讨论，所以，一般来说，教育戏剧只能占用主题班会的部分时间，而不是占用全部时间。如果所创编的教育戏剧确实值得占用一节课的时间，教师也应该通过调课等方式来利用随后的时间组织讨论交流以深化该主题。一般来说，在导入环节使用教育戏剧，可以迅速地让学生领会班会主题，给学生提供讨论的素材；而在经过一段时间的讨论之后，让学生改写原来戏剧的剧情或结尾，不仅能做到首尾呼应，对学生来说也是一种很好的锻炼。

其三是主题班会中演员和观众的分工问题，具体来说要做到学生演员要精心准备、观众要有相应知识储备、学生在讨论中的发言必须是现场生成的。这里涉及戏剧化班会和表演化班会的区别。一堂成功的戏剧化班会要求尽可能多的学生参与准备，尤其是教育戏剧的表演者应该投入精力，记住台词，努力使表演做到细致传神。其他同学也应该事先了解班会主题，收集相关的故事或名言，有初步的知识、情感和实践经验准备。不过，在班会讨论环节，同学们围绕刚看到的戏剧进行提问和发言，所表达的应该是现场的真实感受，而不是经过彩排后的发言，即学生在小组讨论和汇报环节的发言应该是现场生成的。成功的戏剧化班会也可以具有很强的欣赏性，但不能丢掉现场生成的真实性。

其四是班主任在主题班会中的角色问题。主题班会要调动学生的主体性，但学生主体性有没有调动，并不取决于谁做主持，也不意味着一定要由学生来主持或者让学生独立完成剧本的创编。事实上，很多由学生主持的班会上，从主持人到全体同学，都只是前台的木偶，主线牢牢地把握在没有出场的班主任手里，学生主体性丝毫没有体现。在戏剧化班会中，班主任要将自己丰富的人生阅历与学生的智慧有机结合，和学生一起设计戏剧和班会；尽可能做到调动、尊重学生的主体性，但不能简单地让位给学生。

### （三）在主题班会中有效应用戏剧教学法的示例与解析

在武汉市江岸区责信德育实验中，我们有意识地将戏剧教学法应用于主题班会的开发，并将戏剧化班会作为一种主导形式进行推广。本部分拟结合以《靡菲斯特的交易》（简称《靡》）为题的防溺水教育主题班会和以《谁是我的好朋友》（简称《谁》）为题的诚信教育主题班会，对戏剧化班会的特点进行进一步的分析，并求教于方家。

班会《靡》以防溺水为主题，但在班会开始时学生看到的主题名称是“靡菲斯特的交易”，这是为了制造悬念。班会通过自编剧本导入，借助歌德笔下经典形象靡菲斯特与年轻学生之间的故事引发学生的思考，从而启动防溺水的讨论和宣传教育，最终让学生们以胜利者的姿态喊出“靡菲斯特，带上你的阴谋诡计，见鬼去吧”这句标志性口号，同时做到首尾呼应。

班会《谁》借用具有中国优秀传统文化底蕴的“琴台遇知音”典故，假托伯牙和钟子期的后人来表演一则中学校园内常见的诚信故事，剧情简洁，但能够巧妙地引入“怎样的朋友是真正的好朋友”这一人生哲理问题，比较符合高中生的年龄特点，能够让高中生对于友谊、诚信等人生主题有更深的感悟。

在现场研讨中，这两节戏剧化班会得到了评委和师生的一致好评。笔者认为，两节班会可以看作是在主题班会中有效应用戏剧教学法的成功案例。该案例提示我们，在主题班会中有效应用戏剧教学法，要注意如下几条基本原则。

其一，围绕有针对性的班会主题，选准切入角度，精心编演教育戏剧。防溺水、诚信是学校德育的重要主题，但通常的防溺水教育和诚信教育停留在说教的层面，很难打动学生。本次班会引入教育戏剧，分别引入西方文学和中国文化中的经典形象，较为直观地呈现问题，引发思考，使班会变得新鲜而灵动。

其二，依托教育戏剧，引导学生思考、讨论，促进品德的自主建构与生成。教育戏剧给学生提供了讨论的话题，在被戏剧打动之后，学生对于生命安全、预防溺水、考试不作弊等看似无话可说的问题有话要说，能够说出平常由家长和教师苦口婆心教诲的诸多安全准则、处世原则。对学生来说，这是锻炼道德推理能力、实现品德建构的难得机会。

其三，将主题班会融入德育主题周，使所有学生在班会前有所准备。

在责信德育实验中，江岸区的各中学已经系统启动德育主题周，用一周时间来实施每一个重要的德育主题，引导学生负起对自己、对家庭、对集体、对社会、对国家、对自然的各项责任。班会《靡》是安全教育周的一个环节，班会《谁》是诚信教育周的一个环节，在此之前，学生已经积累了一些与该主题有关的故事和格言；所以，在欣赏完戏剧之后，所有学生都有话可说。

## 第六节　细节完善：教育性学生管理的制胜之路（三）

在学生管理创新的系统工程中，德育课也是大有可为的。通过德育课教学为学生当下的行为选择和未来的人生幸福提供指引，是学校开设德育课的基本出发点和目标。我国学校一直重视德育课，希望通过系统的德育课堂教学，为学生生活指引方向。《思想品德课程标准（2011年版）》指出，帮助学生过积极健康的生活，做负责任的公民是课程的核心；思想品德课程要以初中学生逐步扩展的生活为基础，以学生成长过程中需要处理的关系为线索，有机整合道德、心理健康、法律、国情等方面的内容，进行科学设计。然而，德育课堂教学指引学生生活的目标并不总是能够实现，在校园和生活中，学生言行不一、违背德育课教学内容的现象屡见不鲜，其原因在于德育课堂教学指引学生生活的逻辑链条存在漏洞或者断裂之处，亟待完善。

### 一、从中学德育课实录说开去

近年来，笔者观摩了多地的中学德育课近百节，发现中学德育课均有通过教学指引学生生活的目标预设，不过，就实际效果而言，指引学生生活的目标在绝大多数课堂上都没有达成或者没有充分达成。

在A校的一节德育课上，一名中年男教师在执教“友谊”这一主题。教师很死板地把教科书上关于友谊的讲解读一遍，不时停下来对一些说法进行解释；学生们秧田式静坐着，多数学生很不认真，边听讲边根据教师要求或者自己的理解在课本的相应部位画线。这个讲解过程用了二十分钟，课堂气氛很沉闷。教科书上的内容讲完后，教师让同学们拿出练习册，用五分钟时间把练习册上的配套练习题做完。而后，教师以点名回答的方式和学生核对答案。练习题均为选择题，教师手里有标准答案。例题如下。

你认为交友的原则有（　　）

①善交益友　②乐交诤友　③不交损友　④自己有利可图

A. ①②③　B. ②③④　C. ①②④　D. ①③④

答案：A

解析：本题主要考查学生对待损友与诤友的正确态度，④的交友态度带有功利性，不单纯，应排除，故选A项。

与这节课相比，B校的一节德育课要活泼得多。这节课的主题是“独立”，在课堂上，年轻的女教师先围绕初中生的日常生活提出一些问题，如“每天是不是自己来上学”“说一下自己可以独立完成的事情”等。学生们很踊跃地回答，慢慢引出“自己的事情自己做”这个主题。随着教学的进展，教师进一步提问，引导学生将课堂上所学的内容与生活相联系，说出自己接下来会如何做到更加独立，如坚持自己背书包、学会做饭等。整节课总体上以一种紧密联系生活的方式进行，可是，下课之后，学生们是不是能够做到独立呢？很难说，就像在讨论中一些学生提到的：“我想自己做事，可是，家长不同意，他们非要替我包办一切啊！”

以上两节课基本上可以看作当前初中德育课的缩影。前者是传统德育教学的典型，重视书本知识的灌输和记忆，强调引导学生学会答题和考试；后者是现代德育教学的典型，注重德育教学与学生生活的联系，引导学生学会思考和处理生活中的问题。两种教学方式有很大差别，但其共同之处是就实际效果而言，对学生的实际行动选择所发生的实际影响都不大。这种德育课教学实效低下的状况，吸引笔者就德育课堂教学指引学生生活逻辑链条中的缺陷展开追问。

## 二、德育课教学指引学生生活的逻辑漏洞阐析

德育课堂教学以学生在现实生活中需要处理的关系、需要面对的问题为中心，引导学生思考现实生活，期望学生学会更好地独立生活；如果不进行细致追问的话，大家可能会觉得这种“德育课堂教学指引学生生活”的逻辑是完整的。然而，事实情况并非如此，这一逻辑链条存在如下三个重要的漏洞。

### （一）德育课并非学生品德形成的唯一影响源

德育课堂教学指引学生生活的逻辑前提是德育课是学生规则意识、价值观念形成的唯一或首要影响源，然而，这个逻辑前提并不成立。在《我的教育信条》中，杜威开宗明义地指出：“一切教育都是通过个人参与人类的社会意识而进行的。这个过程几乎是在出生时就在无意识中开始了。它不断地发展个人的能力，熏染他的意识，形成他的习惯，锻炼他的思想，并激发他的感情和情绪。由于这种不知不觉的教育，个人便渐渐分享人类曾经积累下来的智慧和道德的财富。他就成为一个固有文化资本的继承者。世界上最形式的、最专门的教育确是不能离开这个普遍的过程。”[1]

早在个体进入学校、进入德育课堂之前，个体的道德学习就已经开始，并且一直在进行；学生并不是像一张白纸一样进入教室接受教师的道德引导的。于是，自然而然地出现了基于日常生活的道德学习和基于德育课堂的道德学习是否方向一致的问题：如果生活中运行的道德规则和课堂上讲授的道德规则是一致的，那么，学生遵循课堂讲授的可能性会更大；如果课堂上讲授的道德规则与学生在生活中感受到、观察到的

[1] [美]杜威．学校与社会[M]．赵祥麟，等，译．北京：人民教育出版社，2005:3.

道德规则并不一致，甚至相异相反，那么，学生在生活中遵循课堂讲授的可能性就会大大减少。

试以男女平等为例进行分析。德育课堂上讲解的是男女平等、尊重女性、女性要自尊自爱等道理，而如果学生在从小到大的成长过程中，习以为常的是看到女性在家庭和职场处于附属的地位；做家务是妈妈的事，爸爸坐享其成，该生是否会真正地认同、信服德育课堂上关于男女平等的讲授呢？如果学生心目中“男尊女卑”的观念已经根深蒂固，德育课堂教学就必须花更大的工夫来引导学生改变先入的价值观，而不是简单地让学生记住“男女平等”的规则就草草下课。

### （二）德育课堂上学到的可能仅是“关于道德的观念”而非“道德观念”

在《教育中的道德原理》中，杜威细致区分了“道德观念”和“关于道德的观念”，指出：“道德观念”是能够影响行为，使行为有所改进和改善的观念；而“关于道德的观念”可能对行为没有影响，既不使它变得更好也不使它变得更坏，在道德上可以是漠不关心的，或不道德的或道德的，原因在于“在关于道德的观念，关于诚实、纯洁或仁慈的知识中，没有使这些观念自动地转变为良好的品格或良好的行为的性质”。因而，对德育课堂教学而言，最艰巨的挑战是如何使学生以充满活力的方式获得观念，使这些观念成为“指导行动的活动的观念”[1]。

然而，大量德育课堂教学并没有注意到或回应这一挑战，热衷于进行道德知识的死板灌输（如A校的那节德育课）。在这样的课堂上，学生学习的教材是孤立的，就如同把知识放在不透水的互相隔开的船舱里一样；学生“学过了这些功课，并且顺利地通过了考试”，却不会用这些被动获得的知识来指导生活。这种教学的结果是，各种道德知识僵化地保存在学生头脑中，“仍然保存在原来存放它们的封闭的船舱里面”[2]，

[1]　[美]杜威．学校与社会[M]．赵祥麟，等，译．北京：人民教育出版社，2005:136.

[2]　[美]杜威．我们怎样思维·经验与教育[M]．姜文闵，译．北京：人民教育出版社，1991:270.

同其他经验并没有什么关联，所以在实际的生活情境中，这些知识便不能发挥效用了。这样的德育课堂教学，不论如何精深，也无法对生活产生真正的指引作用。

### （三）德育课上学到的道理很难适应复杂的情境性问题

儿童与课程之间存在着相当大的基本的分歧：儿童的生活是一个整体，一个总体，儿童所关心的事物是结合在一起的；学校各门课程却是专门化和分门别类的，教学内容将它们从原来的地位割裂出来，并根据一些一般原则重新排列[1]。德育课堂教学与学生生活之间的分歧正是如此：德育课上的教学是有条理的，遵循单一线索的，而学生在日常生活情境中遇到的问题则是复杂的，思考和应对的线索也是多元的。德育课堂教学真的能指引生活中的选择吗?

在调研中我们发现，很多中学生认为德育课上所讲的道理空洞无用、“老生常谈”，在处理交友中的冲突、进行活动组织时更多地凭经验做事，而很少想到德育课上所讲的道理。这种情况一方面和德育课空洞说教、脱离学生生活有关，另一方面也和德育教学内容遵循学科逻辑、注重抽象纯粹而远离纷繁复杂的具体情境不无关系。

## 三、德育课教学指引学生生活的逻辑完善

其一，全面理解个体道德学习，减少道德学习过程中的内耗。

要认识到个体道德学习的弥散性特征，不能狭隘地将个体道德学习与德育课堂学习画等号。德育课堂教学具有指引个体生活选择的潜能，但课堂上的学习只是个体道德学习的一部分，并且，相对来讲，是影响力较小的一部分。杜威强调，“当我们考虑到通过教育使道德成长的整个领域时，直接道德教学的影响，充其量说，比较地在数量上是少的，在影响上是微弱的”，而“更大范围的、间接的和生动的道德教育，通过学校生活的一切媒介、手段和材料对性格的发展”[2] 才是德育和个体

[1] [美] 杜威 . 学校与社会 [M]. 赵祥麟，等，译 . 北京：人民教育出版社 ,2005：112−113.

[2] [美] 杜威 . 学校与社会 [M]. 赵祥麟 , 等 , 译 . 北京：人民教育出版社 ,2005:137.

道德学习的主要部分。

全面理解道德学习，意味着教育者要重视德育课上的直接道德教学与学生生活中的间接道德学习的一致性，减少因为方向分歧而产生的内耗。陶行知指出生活即教育，“是好生活就是好教育，是坏生活就是坏教育”；教育者要学会分析学生身处其中的学校生活、家庭生活、社区生活的道德品质，尽可能优化个体生活环境，使个体在日常生活中所形成的思想观念有助于个体认同、遵循社会所倡导的积极价值观。

全面理解道德学习，还要求教育者重视德育课上的知识传授与德育课上学生生成的生活经验之间的一致性。德育课所传授的知识内容是以尊重、关心、环保等中心进行的，然而，很多德育课堂的运作过程却与教师所讲授的德目背道而行，没有体现教师对学生的尊重、师生之间的互相尊重、同学之间的相互关心，例如一些学校的德育课地位较低，课堂纪律情况很糟糕就是明证。改善德育课堂本身的道德属性势在必行。

其二，建立德育课堂教学与学生现实生活的联系，使德育课堂教学成为学生生活运作中的有机组成部分。

对德育效果和学生品德水平的评价，不能仅依据学生在德育课程考试中的得分，更要看学生在实际生活情境中的选择和行动，既要观其言，更要察其行。德育课的最终目标不是让学生听到、记住，而是要指导学生的行动。

如何促使德育知识转化为学生的道德观念呢？关键在于使德育课堂教学与学生现实生活有机联系起来，即“课程的计划，在性质上不是静止的，需要不断地照顾成长中的儿童的经验和他们的变动着的需要及兴趣”[1]。德育教学要与学生的具体生活经验相联系，围绕学生感兴趣的现实问题来展开；在教学结束环节要布置与当下生活相联系的作业，如依据所学习的内容，分析自己做人做事的特点，下次课再围绕学生的自我分析深化教学。

[1] [美]凯瑟琳坎普·梅休，等.杜威学校[M].王承绪，等，译.上海：华东师范大学出版社，1991:15.

德育课堂教学有机融入学生生活全过程，意味着德育教学不能单纯地围绕道德知识的学科体系来组织，而是要体现灵活性，因为学生的生活不会按照教材的逻辑来依次出现。当前按学期组编的德育教材是机械的，每册书的主题很有限，当学生生活或社会生活中出现很好的题材时，教师无法及时找到相应的教材。最好是将德育教材编成一个全本手册，教师可以不受章节顺序的限制，灵活地从中选择相应的内容来组织教学。此外，还有必要加强德育课程的校本规划，学校德育处或德育课教师留心收集学生生活中的各类素材，从整体上进行规划，开发专题课程，引领教师实施有针对性的、生活化的教学。

其三，德育课教学要直面生活情境的复杂性，为学生提供自主讨论和行动的机会。

德育课教学的一个常见问题是从孤立的道德规范出发，倡导学生对某条道德规范的遵守，如学会诚信、节俭、友善等。然而，现实生活往往是复杂的，个体在生活中需要综合考虑多方面的因素才能做出明智的行动抉择，较好地解决当下困境。

例如，古代有一个著名的守信故事。《庄子·盗跖》说“尾生与女子期于梁下，女子不来，水至不去，抱梁柱而死。” 相传古代一名叫尾生的男子和爱人相约在桥下见面。他等了很久，不见女子到来，这时河水猛涨，淹没桥梁，尾生为了坚守信约，不肯离去，抱住桥柱，被淹死在水里。后人把这个故事作为坚守信约的典范。从诚信这一角度来看，故事里的男主人公尾生是信守承诺的，并且满足了世人对于忠贞不渝的爱情的渴望。可是，他对这一事件的处理真的是好的吗？笔者认为，他固然做到了忠实于爱人之间的承诺，可是却放弃了自己宝贵的生命，也无视自己对父母、社会所应承担的责任，因为忠于一个规范而背弃了若干其他规范，不见得是最佳选择。可见在复杂的生活情境中，个体的选择可能是多样的、左右为难的。德育课教学不应想当然地倡导某个孤立的规范而不及其余，“一叶障目而不见泰山”。

面对复杂的生活情境，德育课教学要突破教师一言堂、传授标准答案的束缚，将课堂还给学生，鼓励学生自主思考、平等研讨，分析多样的可能，并据此指导行动。总之，要给学生提供思考和行动的自主空间，培养学生灵活而有效地处理生活事件的智慧。在这一方面，杜威的如下观点值得我们牢记："如果一个医师是精于医道的，他就会运用他的科学（无论怎样博大精微）去供应他诊察各个病症的用具，和拟定治疗方法的方法。无论他的学问多大，他如将各个病症归于疾病的若干分类和处治的若干常规底下，他就堕落寻常的机械水平去。他的智慧和他的行为变成呆板、武断，而不是自由的和灵活的。"[1] 无论教师还是学生，都不能把道德当作僵死的药方，因为生活情境总是特殊的、具体的、个别的。

## 第七节　全员育人：教育性学生管理的实施主体探析

教育性学生管理主张开展师生平等对话，加强对学生正面行为的支持和鼓励，以理性引导和情感培育相统一的方式培养学生的规则意识。随之而来的问题是：谁来实施教育性学生管理？在上文中，笔者已经对片面倚重班主任实施学生管理的学生管理分工格局提出了批评，接下来，笔者拟从制度伦理角度展开论述，以期推动全员育人理念的落实。

新中国成立以来，我国中小学普遍推行班主任工作制度，班主任是中小学生管理的主要承担者和责任人。然而，班主任工作制度往往成为某些任课教师忽视德育、拒绝承担德育责任的借口。促使每一位教师成为中小学德育工作的直接责任人、中小学生健康成长的引领者和人生导

[1]　[美] 杜威. 哲学的改造 [M]. 许崇清，译. 北京：商务印书馆，1958:101.

师，是德育和学生管理创新应该重视的现实问题。

近年来，班主任工作制度的合理性不断受到质疑，对班主任工作制度的政策支撑也有所松动。2014 年，教育部发布《关于培育和践行社会主义核心价值观 进一步加强中小学德育工作的意见》，明确提出要改进管理育人，探索推行德育导师制，体现了其有力、有序推进中小学德育和学生管理创新的坚定决心和科学态度。2019 年，国务院办公厅《关于新时代推进普通高中育人方式改革的指导意见》（下文简称《指导意见》）指出，普通高中要加强学生发展指导，建立专兼结合的指导教师队伍，对学生开展理想、心理、学习、生活、生涯规划等方面指导，帮助学生更好适应高中学习生活，提高自主选择能力。不难看出，指导教师职责与当前班主任工作在很大程度上存在重合，那么，在选课走班背景下，沿用四十余年的中小学班主任工作制度是否可能悄然谢幕？导师制能否全面取代班主任制？这些问题值得研究者认真对答。本文拟从制度德性视角对班主任制与导师制展开对比分析，借鉴发达国家经验阐析全员导师制的优越性，以期为立足新时代扎实创新德育和学生管理提供参考。

## 一、制度德性及其评价标准

制度是调整一定社会生活中人与人、人与社会之间关系或规定行为者行动的强制性规则体系[1]，与伦理道德有着密不可分的联系。制度内含着德性，“每一制度的具体安排都要受到一定的伦理观念的支配，制度不过是一定伦理观念的实体化和具体化，是结构化、程序化了的伦理精神”[2]，制度德性即制度的道德合理性，指制度是否合道德性，以及合道德性的程度，是对制度作道德评判[3]。

制度演变是教育改革的必要组成部分。从制度演变的视角来看，教育改革意味着依据社会发展需要，确立新的体制、原则、规则、准则来

[1] 刘超良 . 社会风气：在制度德性的变革中转变 [J]. 高等教育研究 ,2009(4)：20−24.

[2] 杨清荣 . 制度的伦理与伦理的制度——兼论我国当前道德建设的基本途径 [J]. 马克思主义与现实 ,2002,(4)：89−92.

[3] 汪肖良 . 制度德性与个人道德 [J]. 学术月刊 ,1999(5)：45−48.

指导和约束教育领域相关主体的行为，调整相关主体的权利与义务关系；各种教育改革主张的落地，必须通过宏观和微观层面教育制度的与时俱进、推陈出新、破旧立新来实现。制度德性提供了审视、变革教育制度的新视角，因为“一种制度体系只有在做出伦理辩护、找到其在伦理道德上的正当性和合理性的充分论证之后，才能使之得到全体，至少是大多数社会成员在价值观念上的认可和支持”[1]。于是，在学校教育转型性变革中加强教育制度的德性审视，成为研究者的重要使命。

随之而出现的理论难题是：怎样的制度是好制度？如何评判制度德性？在这一方面，研究者发表了见仁见智的观点，但迄今还没有形成公认的标准。有论者指出，制度德性的判断标准是有社会历史性的，要与不同时代的经济社会发展水平相适应，而没有古今皆宜的标准[2]。立足当代中国社会，有研究者提出平等、公正、人道、发展[3]，社会发展最大化[4]，以及有利于人的全面发展[5]等原则。

综合已有研究，笔者拟将公正、人道、实用作为当代制度德性的评价标准。

其一，公正意味着制度应该对所有人一视同仁。这是民主社会制度德性的根本特征。在民主社会，法律面前人人平等，任何制度安排应该首先符合以平等、正义为标志的公正原则，才具有道德上的合理性。在此意义上，罗尔斯指出：“正义是社会制度的首要价值，正像真理是思想体系的首要价值一样。一种理论，无论它多么精致和简洁，只要它不真实，就必须加以拒绝或修正；同样，某种法律和制度，不管它们如何有效和有条理，只要它们不正义，就必须加以改造或废除。”[6]

---

[1] 林浩．制度伦理和我们的任务[J]．云南财贸学院学报，2000(3):20−23.

[2] 汪肖良．制度德性与个人道德[J]．学术月刊，1999(5):45−48.

[3] 胡金木．校规的制度德性审视[J]．中国教育学刊，2007(10):45−48.

[4] 汪肖良．制度德性与个人道德[J]．学术月刊，1999(5):45−48.

[5] 张利平．论制度德性的内涵及其意义[J]．烟台师范学院学报（哲学社会科学版），2002(2):114−117.

[6] [美]罗尔斯．正义论[M]．何怀宏，等，译．北京：中国社会科学出版社，1988:101.

其二，人道意味着制度要体现对人的尊重、关心和保护。在民主社会，制度的首要属性不是约束性，而是主体性，应该服务于人的全面发展和社会的可持续发展。民主社会赋予公民理性选择和行动的自由和自主权，在职业领域和社会生活的方方面面，人在合法的范围内拥有选择权，政府和社会组织应该尊重人的独立、自由和尊严，不应强迫和压制。

其三，实用意味着制度应该具有合规律性和合目的性，有助于完成该制度据以制定并实施的使命。有研究者认为道德合理性应是制度的不同于实用性和效力要求之外的另一种理性要求[1]，笔者不认同这一观点。因为作为一种具有辐射性、统率性的社会安排，每一制度的产生都有其内在动因，应该有助于其所内含的社会实用目标的达成。正是在此意义上，很多研究者将有助于社会可持续发展作为评价制度德性的重要标准。

## 二、班主任制的德性审视及其发现

班主任工作制度是我国面向中小学生实施德育和学生管理的重要安排，然而，从制度德性的角度审视，班主任工作制度存在德性缺陷，有待完善。

### （一）公正的缺席与班主任的苦和累

班主任工作制度是我国学校普遍推行的教师内部分工制度，即每班设立一名班主任，班主任除承担学科教学外统管班级管理、思想政治教育、学生安全、集体活动组织、家校沟通等事务，不担任班主任的教师只需完成本学科教学任务即可。《中小学班主任工作规定》指出，“班主任是中小学的重要岗位”，“班主任是中小学日常思想道德教育和学生管理工作的主要实施者，是中小学生健康成长的引领者，班主任要努力成为中小学生的人生导师。”不难看出，德育和学生管理的实施者、学生成长的引领者和人生导师这三个角色适用于全体教师，而担任班主任的教师与其他教师的区别仅在于“重要”和“主要”两个限定词，殊

[1] 胡金木．校规的制度德性审视 [J]. 中国教育学刊 ,2007(10):45−48.

不知，这样的限定给班主任带来了生命中难以承受之重。

在湖北、河南、广东、江苏四省开展班主任培训时，笔者向参训教师发放了自编的《班主任任职意向调查问卷》，并与部分教师进行了访谈交流。问卷数据显示，在参与调查的312名教师中，认为“我目前担任班主任纯粹出于自愿”的有102名，仅占总样本的32.69%。在访谈中，众多教师表示，担任班主任并非出于自愿，而教师不愿担任班主任的主要理由是“不公平”。一些教师对班主任工作大吐苦水，主要集中于班主任的工作负荷和心理压力过大、班主任与非班主任的职责划分不公平等方面：“不做班主任的那几年心理压力小多了，现在做班主任，手机24小时开机，生怕学生出什么事情，整天提心吊胆的”，“班主任责任无限大，权力丁点小，万斤重负已不堪，长袖善舞不好办”，“我校是省级重点高中，班主任太辛苦，真的是披星戴月；大部分教师不愿意做班主任，评上高级的没有一个做的”[1]。

### （二）人道的背离与班主任的无奈和艰辛

其一，在很多地方，担任班主任违背了教师自愿原则。有些学校推行“轮流坐庄”，要求教师轮流担任班主任；多数学校利用职称来驱动，在职称评审时明文规定教师必须有一定年限的班主任工作经历；由于新入职教师较少等现实原因，一些地方不断提高对班主任工作经历的要求，或者只能硬性指派教师担任班主任。这样的做法，都违背了教师的意愿，要求教师无条件地顺服，伤及教师的人格尊严。在参与调查的班主任中，认为“我目前担任班主任是因为评职称需要”的有63名，占20.19%；认为“我目前担任班主任是因为不敢违背领导安排”的有107名，占34.29%。在访谈中，有教师说：“我们区规定，教师要申报高一级职称，就必须有三年的班主任工作经历，因而，年轻一点的教师必须做班主任，否则就无法评职称。”[2]

[1] 笔者访谈记录,2017-07-10.

[2] 笔者访谈记录,2017-07-10.

其二，担任班主任使新入职教师面临巨大压力，是另一种意义上的不人道。子曰：“以不教民战，是谓弃之。”因为很难动员资深教师，所以，一些学校要求新入职教师必须担任班主任。然而，新教师虽然拥有教师资格证，但在大学期间一般并没有得到德育、班级管理的专门训练，只能仓促上阵，在工作中随时摸索，以致很多时候沿用自己受教育过程中班主任的工作套路，满足于把学生管住，不仅使新型德育理念无法扎根实践，而且让这些新教师在疲于应付中积累了大量的消极体验，诱发、加速其职业倦怠。

### （三）实用的偏失与教书和育人的分裂

仅就维护班级和学校的教育教学秩序而言，班主任制度显然大致是合格的，然而，这样的制度安排符合教育规律吗？有助于培养学生的规则意识、促进学生全面而有个性的发展吗？笔者对此存在疑问。

教书和育人的统一，显然是教育的重要规律；全员育人、全程育人、全方位育人，有助于实现教书和育人的统一，促进学生德智体美劳全面发展。推行班主任制度与此恰恰南辕北辙。班主任制度人为地割裂了“教书”和“育人”，导致学校里出现“德育工作者”和“教学工作者”的分工，这实际上默认学校工作人员中存在“非德育工作者”，默认“教学工作人员”属于“非德育工作者”；专职“德育工作者”之外的学校工作者往往就理所当然地忽视德育和学生管理，把这些看成是“本职”工作之外的负担[1]；甚至班主任等专职“德育工作者”也会将德育和学生管理看作不得已而为之的负担，在面对教学工作与德育工作的冲突时优先重视教学，忽视甚至放弃德育。在学校调研中，我们不时看到德育成为班主任的事、任课教师不管的情况，学生也习惯于察言观色，成为“两面派”，在班主任和任课教师面前按照不同的规则做事。这显然不利于学生的习惯养成和品德成长。

面对班主任制的缺陷，一些地区和学校正在以各种名义进行创新性

[1] 黄向阳. 德育原理 [M]. 上海：华东师范大学出版社，2000:37.

探索，如组建班级育人小组、推行导师制或者取消行政班、不设班主任。总体来说，这些探索的共性就是倡导公平分配德育和学生管理责任，落实全员育人。

## 三、德育导师制：扎实推进全员育人的一种可能安排

当前，班主任仍然被视为学校德育和学生管理工作的主要承担者，然而，当班主任制度有失公正、人道和实用，担任班主任与被迫、无奈、功利、挫败乃至怨恨相伴时，我们不得不怀疑这一制度的道德合理性，并力求探求这一学校内部分工制度的优化。2014 年，教育部发布《关于培育和践行社会主义核心价值观 进一步加强中小学德育工作的意见》，明确提出要探索推行德育导师制；《指导意见》明确提出普通高中要建立学生发展指导制度，建立指导教师队伍。这两个文件为导师制闪亮登场提供了适宜的政策支撑。结合欧美国家近百年来推行德育导师制的经验，笔者认为，德育导师制在公正、人道、实用三个方面具有优势，“人人担任导师”能够克服班主任制的不足，提升德育实效。

我国尚没有出现关于德育导师制的权威界定。在美国中学，德育导师制是一种较普遍的制度安排，即在不设班主任的情况下，每位中学教师担任一组学生的导师，导师与学生每周定期见面交流，对学生进行学业指导、社会性和生涯指导、个别辅导等，促进学生成长[1]。

笔者在美国访学期间，系统研究了纽约公立初中和高中的导师制实施情况。在学校里，每个教学班人数为 30 人，每班学生被随机平均分成两个辅导小组，该校每位教师除了承担本学科教学任务外，还要担任一组学生的导师。学生在校就读期间，将一直在同一小组接受同一位导师的指导，即使在某些学年该导师并不承担这批学生的教学任务。师生每周有固定时间见面，导师会就班级管理和学生发展进行主题辅导，主要涉及学习方法指导、人际关系调适、大学申请准备、团队建设、节日

[1] 刘长海．美国中学德育导师制的实践图景理论脉络及其启示 [J]. 世界教育信息 ,2015(6):63-66.

和生日庆祝等。辅导活动形式多样，学校会就各周活动的主题提出参考建议，但最终决定权属于导师和学生们[1]。这些工作内容与《指导意见》提出的学生发展指导任务基本重合。

基于笔者的观察以及与美国教师、教育研究者的交流，笔者认为，相对班主任工作制度，德育导师制具有如下优势。

其一，德育导师制有助于公平分配育人责任。在不设班主任的背景下，全校所有教师的德育工作量大致相同。每位教师除了完成本学科的教学任务外，都要担任一组学生的导师，所有教师的工作量大致公平。从管理学的角度来说，育人责任的公平分配具有重大意义，古人云“不患寡而患不均，不患贫而患不安”，公平可以减少教师内部的攀比、分化与内耗。

其二，德育导师制可以达到“基于义务的自愿”，杜绝了中学教师推诿德育责任的可能性。在推行德育导师制的地区，每位教师都要担任一组学生的成长导师，师范生都知晓这一规定，并在教师教育阶段得到培训，愿意承担相应职责。所以，教师普遍没有怨言。

其三，德育导师制有助于落实全员育人，提升德育效果。就德育和学生管理的实际效果来看，德育导师制一方面可以确保每名学生在学校里至少被一位成人所了解，给学生提供了一个可以随时寻求帮助的导师，而且给学生提供了一个稳定的互动群体，可以帮助学生获得积极的同伴支持，加强学生对中学的认同，有助于减少学生旷课、辍学及各类违纪行为。另一方面，因为每位教师都要担任一组学生的导师，清楚学校当前的德育安排，这样不仅能够促使教师对自己的小组进行指导，而且能够促使教师在课堂上对自己所教的所有学生进行相应的德育渗透，实现全员育人的无痕嵌入。鉴于以上优点，在中学推行导师制，得到了美国中学联合会和中学校长联合会的一致推荐，导师制被美国中学联合会界

[1] 刘长海．美国中学德育导师制的实践图景理论脉络及其启示 [J]. 世界教育信息，2015(6):63-66.

定为真正意义的中学以及发展性适应中学的必备要素之一[1]。

## 四、在我国探索实施德育导师制的开拓性建议

笔者指出当前班主任制存在缺陷，并不是否定班主任工作的重要性，而是认为当前赋予班主任的工作职责既重要又艰巨，应该由全体教师合力分担；当前部分教师担任班主任的学校内部分工制度可能终结，走向人人都是班主任或者导师的制度安排，从而将全员育人的理念从天空拉回到地面。有必要指出的是，德育导师制在我国属于新生事物，其实施对教师专业素养、学校德育常规等带来很多挑战，必须精准规划，审慎推进，才能减轻制度变革的阵痛。

其一，教师教育要提升各学科教师担任人生导师的专业素养，为推行德育导师制准备好合格师资。

在从无到有阶段，德育导师制意味着教师要承担新的职业角色和任务，必然会引发教师的恐慌、不安乃至抵制。为了减少教师对担任导师的抵制，美国教师教育致力于优化教师培养，如美国中学联合会大力倡导向合格的中学教师颁发中学教师资格证，该证书要求师范生具备青少年发展、中学教育哲学和组织、中学课程、中学教学与评价方面的专门知识、技能和品质，其中包括对导师制的熟悉和胜任，并且要求教师培养机构给学员提供丰富的实践机会，让学员在与青少年的互动中熟练掌握识别和应对学生情绪、倾听学生的观点并表达欣赏、指导学生的自我反思和团队合作、反思辅导活动的效果等专业技能[2]。

为了探索推行德育导师制，我国教师教育系统以及全社会要转变教师观，认识到每位教师首先是一名教育者，而后才是某一学科的教师，担任学生的人生导师是每位教师义不容辞的神圣职责。据此，职前和在

[1] Cindy Wilson. The real meaning of middle school advisory programs[J]. Contemporary education, 1998(2): 100–102.

[2] AMLE. Middle level teacher preparation and certification/licensure[EB/OL]. [2016–06–20]. https://www.amle.org/BrowsebyTopic/ProfessionalPreparation/PPDet/TabId/196/ArtMID/821/ArticleID/487/Middle–Level–Teacher–Preparation–and–CertificationLicensure.aspx.

职教师教育要提高所有教师的德育素养，具体来说，教师对于教育对象品德发展特点与规律性的理解，教师对德育的目的、过程、课程、活动、途径、教育策略、方法与技巧等问题的认识，对相关事务的实际处置能力，教师在日常的课堂教学和其他教育活动的实施过程中所用到的特定的组织、交流、沟通、表达、示范等方面的专业技巧，都要通过心理学、教育学等方面的理论研修和学校德育的实际训练去获得和提高[1]。对教师德育素养的培养，要紧密联系学校实践，引导教师从做中学，突出案例教学、基于问题的学习、专家示范和学员参与，凸显教师教育的实践性、互动性、探究性，确保教师能够将所学到的知识应用于指导学生团队建设、创设积极学习环境、开展师生对话和家校沟通的实际教育情境之中。

其二，学校要从实际出发定位导师制，明确本校导师制工作目标及重点。

导师制既可以用于学习方法指导、督促学生增加学习投入、提高学习成绩，也可以用于调节师生关系和同学关系、增进学生的集体认同和归属意识，还可以用于锻炼学生的组织领导才能、培养学生的社会责任感与创新精神。尽管这些目标之间具有互通的可能，但各校不可能求全责备；学校在启动导师制实验之前，要基于本校实情做好定位。

学校对导师制的定位，要从实际出发，平衡传统与现代、本土与西方、现实与理想之间的冲突。从传统与现代的维度来看，我国教育传统（尤其是近百年的班主任制工作传统）尽管存在育人责任分配不均、过分强调对学生实施严格管理的问题，但是不能一概推翻。传统中有很多符合学生成长规律和社会发展需要的内容，也有一些稍加修正就能适应当代教育改革和发展需要的内容，在推行导师制的时候，一定要尊重传统，重视对传统的合理吸收，否则，就会犯“泼掉洗澡水的同时泼掉婴儿”的错误。从本土与西方的维度来看，导师制源于西方，但其工作方式与我国班主任制、班级建设活动等没有本质的区别，合理的立场是在本土

[1] 檀传宝.德育教师的专业化与教师的德育专业化[J].教育研究,2007(4):32-34.

基础上博采众长，推陈出新，而不是盲目崇洋媚外。从现实与理想的维度来看，促进学生全面发展、培养学生的组织领导能力固然是值得追求的理想，但在未来很长一段时间里，中学教育对分数的重视仍将存在，导师制必须在现实与理想之间找到一个可实现、可操作的目标，才能真正凝聚力量，在此意义上，导师制的定位应该超越现实同时又植根现实。

当前有些学校在保留班主任的情况下推行导师制，这种改革往往有名无实。班主任工作制度和导师制的叠加，看似加强了德育力量，实则可能造成班主任与导师之间相互推诿的局面。笔者建议在限制班额的前提下推行不设班主任的德育导师制实验，即：学校不设班主任，每位教师担任 20 名学生的导师，两组构成一个教学班；实验学校德育主任与实验指导专家共同编制德育规划，将每周或每阶段的德育方案提供给各位导师，帮助导师更好地承担德育责任；教学班座位编排由两位导师协商决定，每位导师轮值一周，处理自习秩序等事务；学校组织的大型活动、班级评比，以教学班为单位继续进行，两位导师共同负责指导学生，同时，逐步淡化学生评价与教师评价的连带关系；全校教室在辅导时间公用，如午饭前后半小时实行错峰就餐、分别辅导；就辅导内容安排来看，可采用周一和周五进行主题辅导、周二至周四进行自主阅读和个别交流的方式；学校应在教学楼内为学生配备储物柜，以方便教室及课桌椅公用。

其三，学校要系统规划导师制，在全校范围内达成共识，基于实验不断调整和完善导师制。

推行导师制，是对学校德育组织结构、人员分工方式、师生关系的巨大重构，要求改变学校人力、财力、物力、信息、时间、空间等资源的配置格局，打破诸多德育常规，可谓“牵一发而动全身”。这样的系统变革会冲击校长、教师的工作习惯，如果仓促上马，必然引发相关人员的抵制、冲突，最终导致改革失败。

在导师制实验过程中，学校应该坚持科学管理，严格进行计划、实施、检查、总结。在计划环节，德育管理者就如何推行导师制确定工作方案，明确回答采取何种方式促使教师认同导师制理念、如何调动全体教师担任导师的积极性、如何有效提升全体教师的德育素养、如何组建辅导小组、如何协调辅导时间和场地等问题。在实施环节，德育管理者将管理方案付诸实行，包括组织相应活动、协调各种资源、指导和督促教师开展相应的辅导活动。在检查与评价环节，德育管理者对方案实行的情况及其效果进行审视，评测实际效果与预期目标的吻合程度，判断前期实验的有效性、合理性。在总结环节，德育管理者对前期工作进行总的分析与评价，做出结论，肯定成绩，找出缺点，并据此制订下一阶段的导师制实验计划。四个环节首尾相连，循环运转，学校才能不断调整和完善导师制[1]。

导师制实验涉及全体教师、学生乃至家长，必须尽可能地争取相关人员的支持，才能顺利启航。校长拍板、主任监督、教师执行的传统德育管理体制在强调领导者权威的同时，将广大教师置于被动听命的位置，极大地损伤了教师的主人翁意识和工作积极性。在导师制实验过程中，德育管理者要学会尊重教师，确立教师的德育主体地位。要确立教师在导师制实验中的主体地位，可以通过如下方法：在重要决策前征集教师观点；依托教师大会或教师代表大会充分听取教师意见，形成导师制相关决策；设立德育信箱，听取教师意见；开展德育研讨和导师培训活动，引导全体教师达成对于导师制意义、定位与工作形式的深度理解和共识。

[1] 赵志毅 . 德育原理与方法 [M]. 北京 : 人民教育出版社 ,2013:250−260.

# 后　　记

作为一位德育研究者，我一向对“管”“乖”“听话”这样的字眼心存反感，这种情感在无形之中推动我走向了学生管理这一研究领域。从2012年接受教育部委托开展中小学纪律规章调研，到2015年申报立项“以培养自律为宗旨的中小学生管理体系建构研究”这一国家社会科学基金教育学一般课题，一直到现在的申请结题，我和同事、朋友以及研究生们持续在学生管理这个领域求索。万幸的是，我们取得了一些成果，提出了一些观点，对推进这一领域的研究有了一定的贡献。

就实际情况而言，学生管理是一个很少有人问津的研究领域。根据CSSCI数据库的检索结果，标题中含有“学生管理”且发表在CSSCI及扩展版期刊上的论文自1998年至2020年共有201篇，而从自律视角进行分析的文章更是很少见到。自课题立项以来，我们围绕学生管理、自律、体系三个关键词发奋钻研，在《教育研究》等刊物发表成果十余篇，对学生管理的育德功能进行了阐释，借鉴教育性教学思想尝试提出了“教育性学生管理”的理念，并对这一理念的落实提出了细化的建议。对于这个庞大的主题来说，我们的研究只是刚刚开了一个头，未来，我们将继续循着经验德育、教育性学生管理所指引的方向，开展持续研究。同时，我们也期待越来越多的同仁关注学生管理这一较为微观而具体的领域，